망하지
않는 창업

쉽지만 놓치지 말아야 할
기술 창업 마케팅

쉽지만 놓치지 말아야 할
기술 마케팅

망하지
않는 창업

발 행	2025년 8월 20일
저 자	신왕재
발행인	신정범
발행처	(주)위메이크북
디자인	최지현
주 소	서울시 성북구 화랑로 211
전 화	010-3846-0675
이메일	wemakebookno1@gmail.com
ISBN	979-11-94781-21-9
가 격	10,000

ⓒ 2025
*본 책은 저작자의 지적 재산으로서 무단 전재와 복제를 금합니다

마케팅 기초부터 전략까지 한 권으로 마스터!
마케팅의 성공과 실패 사례로 알아보는
최선의 마케팅, 그리고 지속가능한 성장과 미래!

목차

서 문

I. 마케팅의 기본개념과 중요성
1. 마케팅의 본질과 역할 / 10
2. 마케팅 개념과 정의 / 12
3. 마케팅 기초 1 (4P) / 13
4. 마케팅 기초 2 (STP) / 38

II. 고객 이해하기
1. 고객 확인 (Customer Identification) / 50
2. 고객 분석 / 53
3. 린스타트업(Lean Startup) / 55
4. 고객 여정 맵핑(Customer Journey Mapping) : 고객 경험을 최적화하는 전략 / 59
5. 넛지(Nudge) 마케팅 : 부드러운 개입으로 소비자 행동을 유도하는 전략 / 64

III. 마케팅 전략 짜기

1. 환경 분석 / 68
2. 사업 포트폴리오 분석 :
   효과적인 투자 전략과 경쟁력 확보 / 74
3. 육하원칙을 활용한 마케팅 전략 수립 / 79
4. 비즈니스 모델과 마케팅 / 84
5. 마케팅 브랜드 전략 : 차별화와 충성도 구축 / 86
6. AIDA 모델을 활용한 마케팅 전략 / 89

IV. 마케팅 성과 측정과 개선

1. 마케팅 성과 분석의 중요성 / 91
2. 마케팅 성과 측정 방안 / 96
3. 마케팅 성과 분석 도구 활용 / 100

V. 마케팅의 질문들

핵심 마케팅 질문 15개 / 108
마케팅 점검을 위한 핵심 질문 50가지 / 110

맺음말

서문

　오늘날 기술 창업이 활발히 이루어지는 가운데, 마케팅은 기술 기반 창업자의 성공을 좌우하는 중요한 요소임이 분명하다. 기술 창업자가 자사의 혁신적인 제품과 서비스를 성공적으로 시장에 자리 잡게 하기 위해서는 단순한 기술적 우수성뿐 아니라 고객 중심의 사고와 체계적인 마케팅 전략이 필요하다. 이 책은 기술 창업자뿐만 아니라 기업 내 구성원들이 마케팅의 기본 원칙과 실제 적용 사례를 이해할 수 있도록 실용적이고 직관적인 지침을 제공하고자 한다. 따라서, 기업인이라면 누구나 기본적으로 알아야 하는 마케팅 기본서가 필요하다는 생각에 이 책을 만들게 되었다.

　기술이 뛰어난, 아니 기술만 뛰어난 창업자들을 보면 안타까운 생각이 들 때가 많다. 너무나 순진하게도 좋은 상품만 만들면 상품이 알아서 팔리고 돈을 벌어 본인은 부자가 될 것이라는 착각에 빠져 있는 창업가들이 너무 많다는 것이다. 상품은 고객이 있어야 비로소 상품으로서의 가치를 발휘하게 된다. 고객의 선택을 받아 구매가 되었을 때 상품은 진정 상품이 되는 것이고 이 때 기술창업가는 돈을 벌기 시작하는 것이다.

일반 기업에서 근무하는 구성원들의 경우에도 마케팅은 너무나 필요한 것이다. 전체 구성원들이 마케팅에 대한 기본적인 개념을 이해하고 모두 하나의 방향성으로 움직인다면 그 파워는 커지고, 그렇게 만들어진 상품은 고객의 선택을 받게 될 것이다. 하지만 기업 내 구성원들이 마케팅에 대한 기본 개념이 미흡하고, 서로 상품에 대한 컨셉이 다르면 그렇게 만들어진 상품은 고객들에게 외면당할 것이다. 그래서, 마케팅은 필요하다. 기업을 하는 사람이라면, 기업 내에 있는 사람이라면 당연히 마케팅을 알아야 하는 것이다.

많은 창업가들이 이야기한다. '마케팅을 잘하고 싶다고', '난 기술만 알지, 마케팅은 모른다고, 그래서 마케팅 전문가를 찾고자 한다고'. 그렇다면 마케팅 전문가는 무엇의 전문가인가? 아니, 마케팅이란 무엇인가? 저자가 생각하는 마케팅은 누가 고객인지를 알고, 그 고객의 마음을 얻는 것이라고 생각한다. 나를 사랑해주기를 바라는 고객을 찾아서, 고객의 마음을 얻고, 나를/나의 상품을 선택하게 하는 것이라고 생각한다. 이것이 마케팅 전체의 가장 기본적인 개념이라고 생각한다.

'고객은 왜 내 상품을 선택하는가?

나는 어떻게 하면 고객의 선택을 받을 것인가?'

어느 날 한 선배가 저자에게 말했다. '마케팅은 사랑하는 사람의 마음을 얻는 것과 같은 것이다. 그(녀)의 마음을 얻기 위해서 넌 무엇을 할 것인가 ?' 저자는 이 말에 동의한다. '고객의 마음을 얻기위해 난 무엇을 할 것인가?'

본인이 마케팅을 잘 아는 마케터라고 하면 이 책을 읽지 않기를 바란다. 마케팅의 기본을 본인이 잘 안다면 더 나은 마케팅 기법 등의 책을 읽기를 권한다. 이 책은 기술은 많이 아는데, 난 마케팅을 아무것도 모른다고 생각하는 기술창업자들이 읽기를 권한다. 조금 더 한다면, 기업에서 마케팅 부서에 배치 받았으나 마케팅을 처음 접하는 분들, 또는 마케팅 부서에 있지 않은 모든 기업 구성원들이 이 책을 읽기를 바란다. 마케팅은 마케팅부서의 구성원들만 알아야만 하는 특별한 내용이 아니다. 기업의 전체 구성원이 마케팅에 대한 개념이 있는 조직과 그렇지 않은 조직은 분명 기업 성과에 차이가 발생한다.

   이 책은 마케팅을 학문적으로 공부하는 분들을 위한 책이 아니라, 실제 기업에서 일하시는 분들이 기본적으로 알아야 할 마케팅에 대한 이야기들을 정리하고자 하는 목적에서 만든 책이다.

I. 마케팅의 기본개념과 중요성

1. 마케팅의 본질과 역할

많은 사람들이 마케팅을 단순히 상품을 광고하고 판매하는 것으로 생각하지만, 실제로 마케팅은 제품을 개발하는 순간부터 고객에게 전달되기까지의 전체적인 과정이다. 기업이 성공하려면 단순히 좋은 제품을 만드는 것에 그치지 않고, 고객이 원하는 것이 무엇인지 정확히 파악하고, 이를 효과적으로 전달해야 한다. 예를 들어, 애플이 아이폰을 출시할 때 단순한 휴대전화가 아니라 '혁신적인 모바일 컴퓨터'라는 가치를 제시하며 시장을 개척한 것처럼, 제품이 고객에게 어떤 의미를 가지는지를 명확하게 설정해야 한다. 마케팅이란 단순한 홍보나 판매 기법이 아니라, 고객을 중심으로 사고하고, 제품이 가진 가치를 극대화하여 전달하는 전략적 과정이다.

   기업이 아무리 뛰어난 기술력을 가지고 있어도, 마케팅이 부족하면 고객을 확보하지 못해 실패할 가능성이 크다. 실제로 구글 글래스는 획기적인 기술을 가졌음에도 불구하고 소비자들에게 그 필요성을 설득하지 못해 시장에서 외면받았다. 반면, 애플의 에어팟은 블루투스 이어폰이라는 기존 제품군에 편리성과 감성을 더한 마케팅을 통해 대중화에 성공했다. 기술의 우수성만으로는 성공을 보장할 수 없으며, 고객의 기대와 감성에 맞춘 마케팅이 필수적이다. 과거 노키아는 스마트폰 시대의 변화에 적응하지 못하고 브랜드의 감성을 자극하는 마케팅보다는 기술력만 강조하는 전략을 고수하다가 경쟁에서 밀려났다. 이처럼 마케팅은 기업의 생존과 성장을 결정짓는 중요한 요소이며, 단순한 부서 차원의 업무가 아니라 기업 전체의 전략과 경영 방향에 깊이 관여해야 한다.

2. 마케팅 개념과 정의

마케팅의 정의는 시대와 학자에 따라 다르게 정의된다. 미국마케팅학회(American Marketing Association; AMA)가 2013년에 공인한 정의에 따르면, 마케팅은 "고객, 협력자, 그리고 사회 전체에 가치 있는 것을 만들고, 알리며, 전달하고, 교환하기 위한 활동과 일련의 제도 및 과정"이다. 또한 Kotler & Keller(2012)는 "마케팅 관리란 표적 시장을 선택하고, 우월한 고객 가치를 창조, 전달 및 알림을 통해 고객을 획득, 유지, 확대하는 기술과 과학"이라고 정의하고 있다.

그러나 이러한 정의는 다소 추상적일 수 있다. 따라서 본 책에서는 보다 실용적인 관점에서 마케팅을 다음과 같이 정의한다.

"고객이 원하는 상품/서비스를 기획하고 생산하여, 고객이 이를 구입하고 사용하게 하는 기업의 전체적인 프로세스"

이 정의에서 강조하는 핵심 요소는 다음과 같다:

1. **고객 중심**: 고객이 원하는 것을 만들고 제공하는

것이 마케팅의 핵심이다.
2. 기업의 전체적인 프로세스: 마케팅은 단순한 광고나 판매가 아니라, 기획, 생산, 유통, 판매, 고객 관계 관리까지 포함하는 전체적인 과정이다.

기업에서는 마케팅에 대한 명확한 정의를 공유하는 것이 중요하다. 마케팅의 개념을 명확하게 이해하지 못하면, 기업 내부에서 부서 간 소통이 원활하지 않고, 상품 기획과 판매 전략 간의 불일치가 발생할 수 있다.

예를 들어, 고객의 니즈를 반영하지 않고 개발된 제품을 판매 부서에 넘기면, 아무리 노력해도 판매에는 한계가 있을 것이다. 하지만 처음부터 고객이 필요로 하는 상품을 만든다면, 마케팅 비용을 최소화하면서도 효과적으로 제품을 판매할 수 있다.

따라서 마케팅은 단순한 판매 기술이 아니라, 기업의 운영 전반에 걸쳐 적용해야 하는 전략적 요소이며, 이를 통해 기업의 지속적인 성장을 도모할 수 있다.

3. 마케팅 기초 1 (4P)

마케팅의 핵심 요소로 4P(Product, Price, Place, Promotion)가 있다. 이는 제품(Product), 가격(Price), 유통

(Place), 촉진(Promotion)으로 구성되며, 고객의 요구를 충족시키고 기업의 목표를 달성하는 데 필수적인 역할을 한다. 4P는 마케팅의 기초이자 중심이 되는 개념으로, 이를 제대로 이해하지 않고 마케팅을 진행하면 효과적인 전략을 수립하기 어렵다.

4P의 중요성

마케팅은 단순한 판매 기법이 아니라, 고객과 시장을 이해하고 전략적으로 접근하는 과정이다. 이를 위해 가장 먼저 익혀야 하는 개념이 바로 4P다. 마케팅을 처음 접하는 사람들은 종종 이 개념을 간과한 채 복잡한 전략을 세우려 하지만, 4P를 제대로 이해하지 못하면 마케팅 계획은 기반이 부실한 상태에서 진행될 수밖에 없다.

비유하자면, 어린아이가 말을 배울 때 문법부터 배우지 않는다. 처음에는 '엄마', '아빠', '밥 줘' 같은 간단한 단어를 익히면서 점점 논리적인 문장을 구성하게 된다. 마케팅도 마찬가지다. 먼저 4P를 이해하고 활용하는 것이 기본이며, 이를 기반으로 더욱 정교한 전략을 만들어 나갈 수 있다.

실제로, 일부 창업자나 비(非)마케팅 전문가, 심지어 전문 마케터조차 4P 개념을 명확히 이해하지 못한 채 마케팅을 진행하는 경우가 있다. 이는 걷지도 못하면서 뛰거나 날아가려는 것과 같다. 이러한 상태에서 수립된 마케팅 계획서는 겉으로 보기에는 화려할지 모르지만, 핵심이 빠져 있어 실행했을 때 실패할 가능성이 크다. 따라서 성공적인 마케팅을 위해서는 무엇보다도 4P 개념을 정확히 이해하고 적용하는 것이 필수적이다.

가. 제품(Product): 고객이 원하는 가치를 제공하라

제품은 단순한 물리적 물건이 아니라 소비자의 다양한 욕구를 충족시키는 가치의 집합체다. 소비자는 제품을 구매할 때 단순히 기능만을 고려하는 것이 아니라, 그 제품이 제공하는 정서적, 상징적 가치를 포함하여 판단한다. 예를 들어, 맥주는 단순한 음료가 아니라 하루의 피로를 풀어주는 즐거운 경험이며, 친구들과의 교류를 촉진하는 요소가 된다. 따라서 기업이 제품을 기획할 때는 고객이 원하는 기능뿐만 아니라, 제품이 전달하는 감성과 가치를 고려해야 한다.

기업이 제품을 성공적으로 시장에 출시하기 위해

가장 중요한 요소는 제품에 대한 명확한 이해와 정의다. 초기 창업자들이 자신의 제품을 설명하지 못하는 경우가 종종 발생하는데, 이는 제품의 본질을 제대로 이해하지 못했기 때문이다. 심지어 투자 유치를 위한 IR(Investor Relations) 자리에서도 창업자가 자신의 제품을 명확하게 설명하지 못하는 경우가 많다. 이는 제품의 가치와 고객의 필요를 명확히 정의하지 않은 상태에서 사업을 추진하기 때문이다. 고객에게 어떤 가치를 제공하는지 모른다면, 해당 제품은 시장에서 외면받을 가능성이 높다.

기업 내부에서도 구성원들이 제품에 대한 일관된 이해를 가지고 있어야 한다. 같은 제품이라도 구성원마다 정의가 다르다면, 이는 마케팅, 영업, 개발 등 여러 부서 간의 혼선을 초래하고, 결국 고객에게 혼란을 줄 수 있다. 따라서 제품의 정의는 명확해야 하며, '어떤 고객이 사용하며, 어떤 가치를 제공하는 제품(서비스)인가?'라는 질문에 명쾌하게 답할 수 있어야 한다.

고객이 필요로 하지 않는 제품은 팔리지 않는다. 단순히 기술적으로 우수하다는 이유만으로 제품이 성공하는 것은 아니다. 시장에서 살아남기 위해서는 고객의 니즈를 정확히 파악하고, 그 니즈를 충족할 수 있는 가치를 제공해야 한다. 따라서 제품 기획 단계부터 고객 중심의 사고를 적용하여, 불필요한 마케팅 비용을 줄이고 제품의 성공 가능성을 높여야 한다.

(1) 제품이 충족하는 다양한 욕구

소비자가 제품을 필요로 하는 이유는 크게 세 가지로 나눌 수 있다. 첫째, 기능적 욕구는 제품이 기본적으로 제공하는 실질적인 효용이다. 예를 들어, 시계는 시간을 확인하는 기능을 수행하고, 의류는 체온을 유지하며 신체를 보호하는 역할을 한다. 둘째, 상징적 욕구는 소비자가 제품을 통해 자신의 사회적 위치나 정체성을 표현하는 경우를 말한다. 명품 브랜드의 가방이나 시계를 소유하는 것은 단순한 기능 때문이 아니라, 경제적 여유나 스타일을 나타내기 위한 상징적 의미가 크다. 셋째, 정서적 욕구는 제품이 소비자에게 감성적인 만족을 제공하는 경우다. 예를 들어, 향기로운 핸드크림을 사용할 때의 만족감이나, 디자인이 우수한 노트북을 사용할 때 느끼는 기쁨이 이에 해당한다.

(2) 제품의 구성 요소

제품은 여러 가지 요소로 구성되며, 이를 크게 세 가지 수준으로 나눌 수 있다. 핵심 제품(Core Product)은 소비자가 제품을 통해 얻고자 하는 기본적인 가치다. 예를 들어, 음식의 핵심 가치는 배고픔을 해소하는 것이다. 유형 제품(Actual Product)은 제품의 물리적 속성을 포함하는 요소로, 브랜드, 디자인, 품질 등이 이에 해당한다. 같은 기능을 하는 스마트폰이라도 브랜드와 디자인에 따라 소비자의 선택이 달라질 수 있다. 마지막으로 확장 제품(Augmented Product)은 소비자에게 추가적인 가치를 제공하는 부가 서비스다. 예를 들어, 쿠팡의 로켓배송 서비스는 제품의 본질적인 기능은 아니지만 소비자 만족도를 높이는 중요한 요소로 작용한다.

(3) 제품의 분류

제품은 소비 대상과 사용 목적에 따라 여러 가지 유형으로 나눌 수 있다. 소비자가 직접 구매하여 사용하는 소비재와 기업이 사용하거나 가공하여 최종 제품을 생산하는 산업재로 구분된다. 소비재는 다시 구매 패턴에 따라 편의품, 선매품, 전문품으로 나뉜다. 편의품은 소비자가 별다른 고민 없이 쉽게 구매하는 제품으로, 생수나 커피 같은 일상적인 제품이 이에 해당한다. 선매품은 소비자가 여러 제품을 비교한 후 신중하게 선택하는 제품으로, 의류나 가전제품이 포함된다. 전문품은 소비자가 특정 브랜드나 제품을 선호하여 특별히 찾는 제품으로, 명품 가방이나 한정판 신발이 이에 해당한다.

한편, 산업재는 기업이 생산 과정에서 사용하는 제품을 의미하며, 원자재, 부품, 자본재로 나뉜다. 예를 들어, 자동차 제조업체가 사용하는 철강이나 반도체 칩은 자재 및 부품에 해당하고, 생산 설비나 컴퓨터 서버는 자본재로 분류된다.

(4) 제품이 제공하는 가치

제품이 시장에서 성공하기 위해서는 고객에게 제공하는 가치가 분명해야 한다. 자신의 제품을 설명할 때 '어떤 고객에게 필요한 어떤 가치를 제공하는 제품'이라고 설명할 수 없다면 그것은 제품이 없는 것이나 마찬가지다. 예를 들어, 쿠팡의 로켓배송은 고객의 편의성을 극대화했고, 이케아는 저렴한 가격이 아닌 '쇼핑 경험'을 강조하며 브랜드 가치를 형성했다. 지속 가능한 기업은 단기적인 이익이 아닌 장기적인 가치 창출에 집중해야 한다. 고객이 제품을 선택하는 가장 중요한 기준은 그 제품이 자신의 삶을 어떻게 개선해 줄 수 있는가에 있다.

(5) 제품 전략과 의사 결정

기업은 제품을 기획할 때 단독 출시, 세트 상품 구성, 라인 확장 등의 전략을 고려해야 한다. 제품의 포트폴리오를 구성하는 전략에는 넓이, 길이, 깊이라는 개념이 있다. 제품군의 개수(넓이), 제품군 내 세부 제품 개수(길이), 품목별 다양한 옵션(깊이)을 조합하여 최적의 제품 구성을 계획해야 한다. 또한, 특정 제품이 시장에서 수명을 다했을 경우 적절한 퇴진 전략을 마련하는 것이 중요하다. 일부 기업은 제품을 유지하면서 추가 투자를 줄이는 '수확 전략'을, 일부는 제품 수를 줄이는 '단순화 전략'을 선택하기도 한다. 경쟁이 치열한 시장에서는 시의적절한 제품 철수가 기업의 장기적인 성장에 도움이 될 수 있다.

(6) 제품 수명 주기와 마케팅 전략

모든 제품은 도입기, 성장기, 성숙기, 쇠퇴기의 단계를 거친다. 도입기에는 소비자 인지도를 높이는 것이 중요하며, 신제품의 기능과 장점을 강조하는 마케팅이 필요하다. 성장기에는 시장 점유율을 확대하고 경쟁력을 강화하는 것이 핵심이다. 성숙기에는 차별화된 마케팅 전략이 필수적이며, 브랜드 충성도를 높이기 위한 고객 관리가 필요하다. 쇠퇴기에는 새로운 시장으로 전환을 고려하거나, 기존 제품을 리브랜딩하여 새로운 생명력을 부여할 수도 있다.

(7) 신제품 개발과 시장 반응

신제품 개발은 난순한 기술 개발이 아니라 소비자 니즈에서 출발해야 한다. 성공적인 신제품 개발을 위해서는 아이디어 도출, 개념 개발 및 테스트, 사업 분석, 시제품 개발, 상업화 등의 단계를 거친다. 예를 들어, 구글은 직원들에게 업무 시간의 20%를 개인 프로젝트에 투자할 수 있도록 하는 '20% 프로젝트'를 운영하여 혁신적인 아이디어를 유도했다. 애플은 신제품 출시 전에 소비자 반응을 철저히 분석하여 제품을 개선하고, 테슬라는 모델 3 사전 예약을 통해 소비자 수요를 미리 파악하는 전략을 활용했다.

　제품은 단순한 물건이 아니라 소비자의 다양한 욕구를 충족시키는 가치의 총합이다. 기업이 성공하기 위해서는 제품의 기능적 요소뿐만 아니라, 소비자에게 전달하는 감성과 상징적 의미까지 고려해야 한다. 또한, 제품의 생애 주기를 이해하고, 신제품 개발과 시장 반응을 철저히 분석하는 것이 중요하다. 마케팅은 단순한 판매 전략이 아니라, 소비자와 지속적으로 소통하며 최적의 제품을 제공하는 과정이다. 성공적인 제품 전략을 위해서는 소비자의 요구를 정확히 파악하고, 이를 반영한 제품을 지속적으로 개발해야 한다.

나. 가격(Price): 가치는 가격으로 결정된다

　가격은 소비자가 제품이나 서비스를 얻기 위해 지불해야 하는 금액이며, 단순한 숫자가 아니라 기업의 브랜드 가치와 시장 전략을 결정하는 중요한 요소다. 가격 전략은 소비자의 인식, 시장의 경쟁 상황, 기업의 비용 구조에 따라 달라지며, 적절한 가격 설정이 판매량과 수익성에 큰 영향을 미친다. 가격은 단순히 높고 낮은 수준을 정하는 것이 아니라, 결제 방식과 가격 모델을 어떻게 설계할 것인지까지 포함하는 중요한 마케팅 요소다.

예를 들어, 애플의 아이폰은 고급스러운 디자인과 독창적인 생태계를 강조하며 높은 가격을 책정했지만, 소비자들은 이를 가치 있는 투자로 인식하고 지속적으로 구매한다. 반면, 샤오미는 가성비를 강조한 전략으로 저렴한 가격에 고사양 스마트폰을 제공하며 시장을 빠르게 확대했다. 두 기업의 성공 사례는 가격 전략이 브랜드 포지셔닝과 긴밀하게 연결되어 있음을 보여 준다.

(1) 나양한 가격 전략과 시장 적용

가격 전략은 기업의 목표와 시장 환경에 따라 다르게 적용된다. 대표적인 가격 전략으로는 고가 전략, 저가 전략, 침투 가격 전략, 스키밍 가격 전략, 심리적 가격 전략, 가격 조정 전략 등이 있다.

고가 전략은 프리미엄 브랜드가 주로 사용하는 방식

으로, 제품의 품질과 명성을 강조한다. 예를 들어, 롤렉스 시계는 희소성과 장인 정신을 강조하며 높은 가격에도 불구하고 지속적으로 수요를 창출하고 있다. 반대로, 저가 전략은 시장 점유율을 확대하기 위해 가격을 낮추는 방식이다. 대표적으로 이케아는 대량 생산과 효율적인 유통망을 활용해 합리적인 가격에 가구를 제공하며 글로벌 시장을 선도하고 있다.

침투 가격 전략은 신제품 출시 초기에 가격을 낮춰 빠르게 시장을 장악하는 방식이다. 넷플릭스는 처음에는 저렴한 가격으로 가입자를 확보한 뒤, 점진적으로 가격을 인상하며 콘텐츠를 확장했다. 반면, 스키밍 가격 전략은 초기에 높은 가격을 설정한 후 점차 가격을 낮추는 방식이다. 예를 들어, 최신 전자제품은 출시 초기에 높은 가격으로 설정되지만, 일정 기간이 지나면 가격이 점점 내려가면서 더 많은 소비자가 접근할 수 있도록 조정된다.

심리적 가격 전략도 소비자의 구매 행동을 유도하는 데 중요한 역할을 한다. 예를 들어, 9,900원과 같은 가격 설정은 소비자에게 더 저렴한 느낌을 주어 구매를 촉진한다. 또한, 항공사처럼 예약 시기에 따라 가격을 차등 적용하는 차별화 가격 전략, SaaS(서비스형 소프트웨어) 기업들이 연간 구독 시 할인 혜택을 제공하는 할인 전략, 여러 제품을 묶어 판매하는 번들링 가격 전략 등도 효과적인 방법으로 활용된다.

(2) 구독 경제와 가격 전략

최근에는 구독 경제 모델이 중요한 가격 전략으로 자리 잡고 있다. 구독 경제는 소비자가 정기적으로 비용을 지불하고 제품이나 서비스를 이용하는 방식으로, 기업은 안정적인 수익원을 확보하고 고객 충성도를 높일 수 있다. 대표적인 사례로 넷플릭스, 아마존 프라임, 웅진 비데 렌탈 서비스가 있으며, 이러한 모델은 예측 가능한 수익 구조를 제공하고, 데이터 기반 맞춤형 서비스를 통해 고객 만족도를 극대화할 수 있다.

구독 모델은 크게 정기 배송형, 렌털형, 무제한 이용형으로 나뉜다. 정기 배송형은 화장품, 식료품 등의 정기 구독을 통해 소비자의 반복 구매를 유도하는 방식이다. 렌털형은 가전제품이나 자동차 등을 일정 기간 대여하여 사용하는 방식이며, 무제한 이용형은 스트리밍 서비스처럼 일정 금액을 내면 자유롭게 이용할 수 있는 방식이다. 이러한 구독 모델은 기업이 지속적인 고객 관계를 유지할 수 있도록 돕는다.

(3) 결제 방식과 소비자의 구매 행동

가격 전략뿐만 아니라 결제 방식도 매출에 영향을 미치는 중요한 요소다. 소비자는 현금보다 카드 결제 시 지출이 증가하는 경향이 있으며, 온라인 쇼핑에서는 결제 절차가 복잡할 경우 구매를 포기하는 사례가 많다. 따라서 결제 방식을 단순화하는 것이 매출 증대에 중요한 역할을 한다.

예를 들어, 원클릭 결제 시스템을 도입한 아마존은 소비자들이 빠르고 쉽게 결제할 수 있도록 하여 구매율을 높였다. 간편 결제 서비스(Apple Pay, Samsung Pay, 네이버페이 등)의 도입은 소비자들에게 편리함을 제공하며, 지출 부담을 줄여 구매를 촉진하는 효과를 가져온다.

소비자의 결제 방식에 따른 반응도 다양하다. 현금 결제는 지출을 더 크게 인식하게 만들며, 신용카드 결제는 지출 인식과 실제 사용 금액 간의 차이가 크지 않다. 비접촉식 간편 결제는 지출 부담이 낮아져 소비를 증가시키는 경향이 있다. 따라서 온라인 쇼핑몰이나 구독 서비스 기업들은 결제 방식을 최적화하여 고객의 이탈을 방지하고 매출을 극대화하는 전략을 채택해야 한다.

(4) 가격 전략과 브랜드 가치

가격은 단순한 숫자가 아니라 브랜드의 이미지와 직접적으로 연결된다. 고가 정책을 통해 브랜드의 프리미엄 이미지를 형성하거나, 저가 전략을 통해 대중 시장을 공략할 수 있다. 예를 들어, 루이비통은 할인 행사를 하지 않으며 브랜드 가치를 유지하는 전략을 사용한다. 반면, 패스트 패션 브랜드는 할인과 세일을 적극 활용하여 소비자들에게 저렴한 가격으로 다양한 상품을 제공한다.

또한, 구독 경제와 간편 결제 도입을 통해 소비자 편의성을 극대화하면 지속적인 매출 성장도 가능하다. 스타벅스는 모바일 앱을 활용한 충전식 결제 시스템을 도입하여 고객이 편리하게 결제할 수 있도록 했으며, 이를 통해 반복적인 구매를 유도하고 있다.

가격 전략은 기업의 브랜드 포지셔닝, 고객의 구매 행동, 시장의 경쟁 환경 등 다양한 요소와 맞물려 있다. 단순히 제품의 가격을 높이거나 낮추는 것이 아니라, 브랜드의 이미지, 소비자의 심리, 결제 방식까지 고려한 전략적 접근이 필요하다. 성공적인 가격 전략을 위해서는 소비자의 심리와 행동 패턴을 이해하고, 기업의 목표와 시장 상황에 맞게 유연하게 적용하는 것이 중요하다. 기업이 적절한 가격 전략을 수립하고 실행한다면, 소비자의 신뢰를 얻고 지속 가능한 성장을 이룰 수 있을 것이다.

다. 유통(Place): 제품이 고객에게 닿는 경로

유통은 제품이 소비자에게 전달되는 과정과 경로를 의미한다. 제품이 고객에게 도달하는 방식은 단순한 물류 시스템이 아니라, 고객이 원하는 방식과 속도로 제공되는지에 따라 기업의 성공이 달라질 수 있다. 효과적인 유통 전략을 수립하면 제품의 가용성을 높이고 소비자에게 신속하게 도달할 수 있다. 과거 유통은 제조업체에서 소비자까지 제품을 이동시키는 과정으로 여겨졌지만, 오늘날에는 플랫폼과 데이터 분석을 활용한 시장 지배력 강화까지 포함하는 개념으로 발전했다. 네이버, 카카오, 구글과 같은 기업들은 단순한 유통 중개를 넘어 고객 중심의 서비스를 제공하며 공급업자와 구매자를 연결하고 시장을 선도하는 역할을 하고 있다. 기업들은 변화하는 유통 환경에서 고객의 니즈를 정확히 파악하고, 이에 맞는 유통 전략을 고민해야 한다.

(1) 유통 경로와 전략

유통 경로는 기업이 제품을 소비자에게 전달하는 방식에 따라 직접 유통, 간접 유통, 하이브리드 유통으로 나뉜다. 직접 유통은 제조업체가 소비자에게 직접 판매하는 방식으로, 브랜드 경험을 직접 통제하고 유통 비용을 절감할 수 있다. 테슬라는 대리점을 거치지 않고 자체 직영 매장을 통해 자동차를 판매하며, 이를 통해 소비자와 직접 소통하고 브랜드 가치를 유지한다. 직접 유통은 고객과의 관계를 더욱 강화할 수 있지만, 초기 비용이 크고 관리가 까다롭다는 단점이 있다.

간접 유통은 도매상이나 소매상을 거쳐 제품을 소비

자에게 전달하는 방식이다. 이 방법은 유통망을 빠르게 확장하는 데 유리하지만, 유통 파트너에 대한 의존도가 높아질 수 있다. 샤오미는 초기에는 온라인 직접 판매를 중심으로 운영하다가, 이후 오프라인 매장을 통해 유통망을 확대하며 더 많은 소비자에게 접근했다.

하이브리드 유통은 온라인과 오프라인을 결합한 복합적인 방식으로, 오늘날 많은 기업들이 채택하고 있다. 아마존은 온라인 판매를 주력으로 하면서도 오프라인 매장(아마존 고)을 운영해 온라인과 오프라인의 장점을 결합한 유통 전략을 펼치고 있다. 고객들은 온라인에서 정보를 검색하고, 오프라인 매장에서 실물을 확인한 후 구매하는 등의 방식으로 점점 더 복합적인 쇼핑 경험을 선호하고 있다. 따라서 기업이 유통 경로를 선택할 때는 고객의 선호도, 제품 특성, 기업의 자본력을 종합적으로 고려해야 한다. 신선식품과 전자제품은 각기 다른 유통 전략이 필요하며, 자본이 적은 기업이라면 간접 유통을 활용해 빠르게 시장에 진입할 수도 있다.

(2) 유통 경로 관리와 운영

전통적인 유통 방식 중 하나는 다단계 유통으로, 제조업체에서 도매상, 소매상을 거쳐 소비자에게 제품이 전달된다. 글로벌 기업 P&G(프록터 앤 갬블)는 다양한 생활용품을 다단계 유통을 통해 전 세계 소비자에게 제공하고 있다. 이러한 방식은 많은 소비자에게 효율적으로 제품을 전달할 수 있지만, 기업이 직접 소비자와 소통할 기회가 줄어든다는 단점이 있다.

또 다른 방식으로는 프렌차이즈 모델이 있다. 프랜차이즈는 본사가 가맹점을 운영하며 일정한 품질과 서비스를 유지하는 방식으로, 맥도날드는 전 세계적으로 동일한 서비스와 품질을 제공하기 위해 프랜차이즈 모델을 활용하고 있다. 이 모델은 브랜드의 신뢰성을 유지하면서도 고객 접근성을 높일 수 있는 장점이 있다.

직영점과 대리점도 주요 유통 전략 중 하나다. 애플은 직영점(애플스토어)을 운영해 브랜드 이미지를 강화하고, 소비자와의 직접적인 소통을 유지하고 있다. 고객들은 애플스토어를 단순한 구매 장소가 아닌 브랜드 체험 공간으로 인식하며, 이를 통해 충성도를 더욱 높인다. 한편, 도미넌트(Dominant) 전략은 특정 지역에 여러 점포를 개설해 물류 효율성을 높이고 고객 접근성을 강화하는 방식이다. 스타벅스와 세븐일레븐은 같은 지역 내 여러 점포를 운영하여 브랜드 인지도를 높이고, 고객 방문 빈도를 증가시키는 전략을 활용하고 있다. 이러한 전략은 고객의 생활 패턴과 밀접하게 연관되며, 소비자가 제품을 쉽게 접근할 수 있도록 유도하는 효과가 있다.

(3) 유통의 혁신과 미래 트렌드

전자상거래(E-commerce)의 성장으로 온라인 플랫폼이 전통적인 오프라인 유통의 비중을 대체하고 있다. 기업들은 온라인 플랫폼을 적극 활용해 제품을 판매하고 있으며, AI 및 빅데이터를 활용한 맞춤형 추천 시스템을 적용하고 있다. 예를 들어, 쿠팡은 신선식품을 포함한 다양한 제품을 빠르게 소비자에게 전달하며, 전통적인 유통 방식에 변화를 가져왔다. 고객의 구매 패턴을 분석해 원하는 제품을 추천하는 기능이 강화되면서, 소비자는 더욱 편리하게 쇼핑할 수 있게 되었다.

또한, 소비자들은 빠른 배송을 선호하면서 라스트

마일(last-mile) 배송이 중요해지고 있다. 이에 따라 드론 배송, 무인 택배함, 로봇 배달과 같은 혁신적인 배송 기술이 발전하고 있다. 아마존은 자율주행 로봇을 활용한 배송 시스템을 개발하며, 빠르고 효율적인 배송을 위해 지속적으로 연구를 진행하고 있다. 이러한 변화는 고객의 편의를 극대화하는 방향으로 진행되며, 배송 속도가 기업의 경쟁력을 좌우하는 중요한 요소로 자리 잡고 있다.

O2O(Online to Offline) 모델도 빠르게 확산되고 있다. 온라인에서 상품을 주문하고 오프라인에서 직접 수령하거나 체험할 수 있는 방식이 확대되는 중이다. 나이키는 온라인에서 주문한 후 오프라인 매장에서 제품을 신어보고 구매할 수 있는 서비스를 제공해 고객 편의성을 높이고 있다. 이러한 방식은 소비자가 제품을 직접 경험한 후 구매 결정을 내릴 수 있도록 도와주며, 브랜드 신뢰도를 강화하는 효과를 가져온다.

유통 전략은 제품이 소비자에게 어떻게 도달하는지를 결정하는 중요한 요소다. 기업은 유통 경로를 설정할 때 고객의 선호도, 제품 특성, 자본력을 고려해야 한다. 또한, 전통적인 유통 방식뿐만 아니라 온라인 플랫폼, 라스트마일 배송, O2O 모델 등의 최신 트렌드를 반영해 전략을 수립해야 한다. 변화하는 유통 환경 속에서 고객 중심의 유통 전략을 수립하고, 소비자와의 접점을 지속적으로 확대하는 기업만이 경쟁력을 확보할 수 있다.

라. 촉진(Promotion): 고객의 마음을 움직이는 전략

촉진(Promotion)은 제품을 알리고 소비자의 관심을 끌어 구매로 연결하는 마케팅 활동을 의미한다. 기업은 광고, 홍보, 인적 판매, 디지털 마케팅 등을 활용하여 브랜드 인지도를 높이고 시장 점유율을 확대할 수 있다. 고객이 제품을 인식하고 신뢰하는 과정에서 촉진 전략이 중요한 역할을 하며, 효과적인 촉진 활동을 통해 브랜드 충성도를 높일 수 있다.

(1) 광고(Advertising)와 홍보(Public Relations)

광고는 텔레비전, 온라인, 라디오, 인쇄 매체 등을 통해 제품을 홍보하는 방식이다. 대중을 대상으로 한 대규모 홍보 활동으로 브랜드 인지도를 빠르게 확산할 수 있지만, 비용이 크다는 단점이 있다. 예를 들어, 삼성

전자는 갤럭시 스마트폰의 글로벌 광고 캠페인을 통해 브랜드 인지도를 강화하고 있다.

홍보는 보도자료 배포, 미디어 활용, 이벤트 등을 통해 기업의 긍정적인 이미지를 구축하는 활동이다. 테슬라는 CEO 일론 머스크의 미디어 노출을 활용하여 홍보 효과를 극대화하고 있으며, 이는 브랜드의 혁신적인 이미지를 강화하는 데 기여하고 있다.

소규모 기업은 소셜 미디어를 적극적으로 활용하여 광고비를 절감하면서도 브랜드 인지도를 높일 수 있다. 인스타그램, 페이스북, 유튜브와 같은 플랫폼에서 유용한 콘텐츠를 제공하며, 유사한 기업과 협력하여 공동 마케팅을 진행하는 방식이 효과적이다. 또한, 고객 추천을 유도하는 보상 프로그램을 운영하면 입소문 마케팅 효과를 극대화할 수 있다.

(2) 판촉(Sales Promotion)과 인적 판매(Personal Selling)

판촉은 쿠폰, 할인, 경품 제공 등을 통해 소비자의 즉각적인 구매를 유도하는 전략이다. 소비자는 가격 혜택에 민감하기 때문에 판촉 활동을 통해 짧은 기간 동안 매출을 증가시킬 수 있다. 예를 들어, 구글은 신규 고객을 대상으로 클라우드 서비스 무료 체험을 제공하여 지속적인 사용을 유도했다.

인적 판매는 영업 사원이 직접 소비자와 소통하며 제품을 판매하는 방식으로, 복잡한 기술 제품이나 고가의 상품에 효과적이다. IBM은 기업 고객을 대상으로 맞춤형 IT 솔루션을 제공하며 인적 판매를 활용하고 있다. 고객과 직접 대면하여 제품의 장점을 설명하고, 개인 맞춤형 서비스를 제공할 수 있기 때문에 신뢰를 형성하는 데 유리하다.

(3) 디지털 마케팅과 Triple Media 전략

디지털 마케팅은 검색 엔진, 소셜 미디어, 이메일 마케팅 등을 활용하여 온라인에서 제품을 홍보하는 전략이다. 최근에는 기업들이 다양한 온라인 플랫폼을 활용하여 고객과 소통하며 브랜드 이미지를 형성하고 있다. 레드불은 유튜브를 통해 익스트림 스포츠 콘텐츠를 제공하여 브랜드 이미지를 강화하는 성공적인 사례를 만들었다.

Triple Media 전략은 기업이 활용할 수 있는 세 가지 미디어 유형을 의미한다.

- Paid Media: 유료 광고(TV, 온라인 배너 광고 등)
- Owned Media: 기업이 직접 운영하는 웹사이트, 블로그, SNS 채널
- Earned Media: 고객이 자발적으로 공유하는 콘텐츠, 구전 마케팅, SNS 입소문

이 전략을 효과적으로 활용하면 기업이 유료 광고에 의존하지 않고도 고객과의 신뢰를 구축할 수 있다.

(4) 구전 마케팅(Word of Mouth Marketing)과 고객 중심 촉진 전략

구전 마케팅은 소비자들이 제품을 직접 공유하고 추천하도록 유도하는 방식이다. 오늘날에는 SNS와 온라인 커뮤니티를 통해 소비자들 간의 입소문이 빠르게 확산되고 있으며, 기업들은 이를 활용하여 자연스러운 마케팅 효과를 극대화하고 있다. 그루폰은 친구 추천 시 보상을 제공하는 프로그램을 운영해 고객을 유치하는

데 성공했다.

4. 마케팅 기초 2 (STP)

STP(Segmentation, Targeting, Positioning)는 시장을 분석하고, 목표 고객을 선정하며, 브랜드의 차별적 위치를 정하는 핵심 마케팅 전략이다. 4P(Product, Price, Place, Promotion)가 마케팅의 기본적인 틀을 제공한다면, STP는 그 틀을 효과적으로 활용하는 방법을 제공한다. STP 없이 마케팅을 진행하는 것은 목표 없이 방향을 정하는 것과 같으며, 제대로 된 마케팅 전략을 실행하기 위해서는 STP가 필수적이다.

가. 시장 세분화(Segmentation): 고객을 그룹으로 나누다

시장 세분화는 전체 시장을 특정한 기준에 따라 여러 개의 소비자 그룹으로 나누는 과정이다. 각 그룹은 공통된 특성과 필요를 가지며, 기업은 이를 기반으로 보다 효과적인 마케팅 전략을 수립할 수 있다.

(1) 시장 세분화 기준

시장 세분화를 할 때에는 다양한 기준이 있으며, 기업은 자신의 제품과 서비스에 가장 적합한 기준을 선택해야 한다. 대표적인 세분화 기준으로는 지리적, 인구통계학적, 심리도식적, 행동적 기준이 있다.

지리적 기준은 소비자의 거주 지역을 기반으로 시장을 나누는 방식이다. 지역별 문화, 기후, 경제 수준 등을 고려하여 세분화할 수 있다. 예를 들어, 맥도날드는 각 국가의 문화에 맞춰 메뉴를 차별화하며, 한국에서는 불고기 버거를, 인도에서는 채식 버거를 제공한다.

인구통계학적 기준은 성별, 연령, 직업, 소득, 학력 등을 기반으로 시장을 나누는 방식으로, 많은 기업에서 가장 기본적으로 활용하는 세분화 방식이다. 예를 들어, 나이키는 연령과 성별에 따라 제품을 구분하여 어린이용, 남성용, 여성용 제품을 따로 출시한다.

심리도식적 기준은 소비자의 라이프스타일, 성격, 가치관, 관심사 등을 기반으로 세분화하는 방식이다. 애플은 창의적이고 혁신적인 사람들을 대상으로 'Think Different' 캠페인을 진행하며 브랜드 가치를 강화했다. 반면, 하이네켄은 모험적이고 사교적인 성향을 가진 소비자들에게 맞춘 광고를 제작한다.

행동적 기준은 소비자의 제품 사용 행태, 브랜드 충성도, 구매 빈도 등을 기준으로 시장을 세분화하는 방식이다. 예를 들어, 넷플릭스는 사용자의 시청 이력을 분석하여 맞춤형 추천 콘텐츠를 제공하고, 스타벅스는 자주 방문하는 고객에게 보상을 제공하는 멤버십 프로그램을 운영하여 충성도를 높인다.

(2) 효과적인 시장 세분화를 위한 요건

시장 세분화는 단순히 소비자를 여러 그룹으로 나누는 것이 아니라, 실질적인 효과를 거둘 수 있도록 전략적으로 수행해야 한다. 효과적인 시장 세분화를 위해서는 몇 가지 요건이 충족되어야 한다.

먼저, 시장의 크기와 소비자의 특성을 측정할 수 있어야 한다. 만약 특정 세그먼트의 규모나 구매력을 파악할 수 없다면, 효과적인 마케팅 전략을 수립하기 어렵다. 온라인 쇼핑몰은 고객 데이터를 분석하여 연령대별 구매 패턴을 측정하며, 스타트업은 특정 고객층이 충분히 클지 먼저 조사해야 한다.

다음으로, 세분화된 시장이 기업의 마케팅 활동과 제품 유통이 가능한 범위에 있어야 한다. 만약 접근이 어려운 시장이라면 타겟으로 삼기에 적절하지 않다. 예를 들어, 고급 화장품 브랜드가 저소득층을 대상으로 마케팅을 한다면 해당 시장에서의 효과가 제한적일 것이다. 또한, 글로벌 브랜드가 특정 국가에 진출하려면 해당 시장에 대한 접근성이 있는지(법규, 유통망, 홍보 가능성)를 검토해야 한다.

세분화된 시장이 일정 규모 이상이어야 한다는 점도 중요하다. 너무 작은 시장을 목표로 하면 판매량이 적어지고, 마케팅 비용 대비 수익이 낮아질 수 있다. 한정된 고객층만을 대상으로 하는 제품(예: 희귀 취미 용품)의 경우, 시장 규모가 너무 작다면 장기적으로 지속 가능하지 않을 수 있다.

또한, 각 세분 시장이 서로 다른 특성을 가지고 있어야 한다. 만약 세그먼트 간 차이가 크지 않다면 세분화의 효과가 떨어진다. 예를 들어, 10대와 20대를 따로 세분화했는데 두 그룹의 소비 패턴이 비슷하다면, 세분화의 의미가 없다. 하지만 스포츠 브랜드가 러닝화와

등산화를 따로 마케팅하는 것은 효과적인 차별화 전략이 될 수 있다.

마지막으로, 기업이 실제로 마케팅 전략을 실행할 수 있어야 한다. 아무리 좋은 세분 시장이라도 기업이 효과적으로 접근할 수 없다면 의미가 없다. 특정 국가에서 인기 있는 제품이라도 현지 법률이나 유통망 문제로 인해 판매가 어렵다면 타겟 시장으로 삼기 힘들다. 스타트업이 대기업처럼 대규모 광고를 집행할 수 없기 때문에, 현실적으로 가능한 세분 시장을 공략해야 한다.

나. 타겟팅(Targeting): 목표 고객을 선택하다

타겟팅은 세분화된 시장 중에서 특정 그룹을 목표 고객으로 선정하는 과정이다. 모든 소비자를 대상으로 마케팅을 펼치는 것은 비효율적이므로, 기업은 가장 효과적으로 공략할 수 있는 시장을 선택해야 한다. 이를 통해 마케팅 자원을 효율적으로 활용하고, 고객 만족도를 극대화할 수 있다.

(1) 타겟 시장 선정 방법

타겟 시장은 기업이 전략적으로 선택해야 하며, 단순히 자연스럽게 정해지는 것이 아니다. 기업은 자사의 자원과 시장 상황을 고려하여 제품이 가장 효과적으로 판매될 수 있는 시장을 찾아야 한다. 이를 위해 시장 규모, 성장 가능성, 경쟁 강도, 수익성, 접근 가능성 등을 종합적으로 분석해야 한다. 예를 들어, 친환경 자동차 시장은 초기에는 수요가 적었지만, 현재는 빠르게 성장하면서 많은 기업이 집중하는 시장이 되었다.

(2) 타겟팅 전략 방법

기업은 타겟 시장을 선정한 후, 해당 시장을 공략할 전략을 결정해야 한다. 다중 타셋팅 전략을 사용할 경우 여러 시장 세그먼트를 동시에 공략할 수 있으며, 코카콜라는 연령대와 라이프스타일에 따라 다양한 제품을 출시하는 방식으로 이를 활용했다. 반면, 집중 타겟팅 전략을 사용하는 경우 특정 시장에 집중하여 높은 점유율을 확보하는 것이 목표다. 예를 들어, GoPro는 익스트림 스포츠 애호가를 집중적으로 공략하여 브랜드 충성도를 확보했다. 기업이 선택하는 타겟팅 전략은 자원과 시장 환경에 따라 달라지며, 적절한 전략을 실행하는 것이 중요하다.

(3) 표적 시장 선택

타겟팅 전략을 실행할 때 기업은 무차별적 마케팅, 차별적 마케팅, 집중 마케팅 중 하나를 선택할 수 있다. 무차별적 마케팅은 제품 차별화가 크지 않은 경우, 하나의 제품으로 전체 시장을 공략하는 방식이다. 기본적인 생필품이나 대량 생산이 가능한 제품에 적합하다. 차별적 마케팅은 여러 개의 타겟 시장을 설정하고 각 시장에 맞는 제품과 마케팅 전략을 운영하는 방식이다. 자동차 회사들이 다양한 고객층을 위해 여러 모델을 출시하는 것이 대표적인 예다. 집중 마케팅은 특정 시장에 집중하여 높은 점유율을 확보하는 방식으로, 롤렉스가 고급 시계를 원하는 프리미엄 고객층을 대상으로 하는 전략이 이에 해당한다.

(4) 시장 공략 전략 선택

기업이 타겟 시장을 공략할 때는 자원의 정도, 제품의 다양성, 시장의 특성 등을 고려해야 한다. 자원이 한정적인 기업은 특정 틈새시장에 집중하는 것이 효과적이며, 자동차나 스마트폰처럼 다양한 사양과 가격대가 존재하는 제품은 차별적 마케팅이 유리하다. 기업은 시장의 특성을 분석하고, 고객 접근성이 높은 유통 전략을 고려해야 한다. 샤오미는 온라인 판매를 활용하여 유통 비용을 절감하고 빠르게 시장을 확대했다. 기업이 효과적인 타겟팅 전략을 수립하면, 고객에게 최적의 가치를 제공할 수 있으며 장기적인 성장 가능성을 확보할 수 있다.

다. 포지셔닝(Positioning): 고객의 마음속에서 자리 잡다

포지셔닝은 선택한 타겟 시장에서 자사의 제품이나 서비스를 소비자에게 어떻게 인식시키고 차별화할 것인지 결정하는 과정이다. 효과적인 포지셔닝을 통해 소비자의 마음속에 명확한 이미지를 구축하고 경쟁력을 확보할 수 있다. 포지셔닝 전략이 명확하지 않으면 소비자는 제품을 선택할 이유를 찾지 못하고, 결국 판매가 저조해질 수 있다. 즉, 포지셔닝은 제품의 존재 이유를 정의하는 중요한 전략이다. 기업가들과 마케팅을 이야기 할 때 가장 많이 사용하는 단어 중 하나가 포지셔닝이다. 제품 및 기업의 포지셔닝은 가격, 프로모션 등의 방향성을 결정하는 주요한 기준이 된다. 따라서, 포지셔닝은 마케팅의 주요 핵심 포인트이다.

(1) 포지셔닝 전략의 유형

기업이 선택할 수 있는 포지셔닝 전략에는 여러 가지가 있으며, 이는 제품의 특성과 시장 상황에 따라 달라질 수 있다. 차별화 포지셔닝은 경쟁 제품과 차별화되는 속성이나 기능을 강조하는 방식으로, 테슬라는 전기차 시장에서 자율주행 기능과 고성능 배터리를 강조하며 고급 전기차 브랜드로 포지셔닝했다. 가격 대비 가치 포지셔닝은 합리적인 가격과 높은 품질을 동시에 강조하는 전략으로, IKEA는 저렴한 가격에도 트렌디한 디자인과 품질을 유지하면서 소비자가 직접 조립하는 방식을 통해 비용을 절감했다.

고급 포지셔닝은 제품을 희소하고 고급스럽게 포지

셔닝하는 전략으로, 롤렉스는 고급 시계 시장에서 희소성과 장인 정신을 강조하며 부유한 고객층을 타겟으로 한다. 혁신 포지셔닝은 기술적 혁신을 강조하여 제품의 차별화를 구축하는 방식이며, 애플은 아이폰의 레티나 디스플레이와 같은 혁신적인 기능을 통해 기술의 선두주자로 포지셔닝했다. 제품 속성 포지셔닝은 특정 제품의 특성을 강조하는 전략으로, 맥도날드는 한국 시장에서 '저렴한 패스트푸드'라는 이미지로 자리 잡았다.

소비자가 제품을 사용함으로써 얻는 혜택을 강조하는 편익 포지셔닝 전략도 있다. 자일리톨 껌은 '구강 건강을 위한 제품'이라는 포지셔닝을 통해 시장을 공략했다. 특정 사용 상황을 강조하는 사용 상황 포지셔닝은 게토레이가 '운동 후 수분 보충'이라는 메시지를 강조하며 스포츠 음료로 자리 잡은 사례가 있다. 사용자 집단 포지셔닝은 특정 소비자 그룹을 타겟으로 하는 방식으로, 베이비 샴푸는 '아기용 샴푸'라는 이미지로 포지셔닝되며 저자극성 제품이라는 강점을 강조했다.

(2) 포지셔닝 맵과 재포지셔닝

포지셔닝 맵은 시장에서 자사 제품과 경쟁 제품이 소

비자에게 어떻게 인식되는지를 시각적으로 표현한 것이다. 이는 경쟁 관계를 분석하고 브랜드의 위치를 명확하게 이해하는데 유용하다. BMW는 '럭셔리'와 '스포츠 성능'을 강조하며 고급 스포츠카 시장에서 강력한 브랜드 이미지를 구축했다. 포지셔닝 맵을 활용하면 시장의 공백(블루오션)을 찾고, 차별화 전략을 강화하는데 도움을 받을 수 있다.

재포지셔닝은 기존 제품이나 브랜드의 이미지를 새롭게 변화시키는 과정이다. 소비자의 인식 변화, 시장 트렌드 변화, 경쟁사와의 차별화 필요성에 따라 재포지셔닝이 필요할 수 있다. 올드 스파이스(Old Spice)는 기존에 중장년층을 위한 브랜드였으나, 젊은 층을 겨냥한 새로운 광고 캠페인을 통해 브랜드 이미지를 변화시키고 판매량을 크게 증가시켰다. 기업이 변화하는 시장 환경 속에서 지속적인 성장을 이루기 위해서는 포지셔닝 전략을 지속적으로 점검하고 개선해야 한다.

II. 고객 이해하기

내 상품을 가장 필요로 하는 사람은 누구일까? 내가 만든 기술로 행복을 느낄 사람은 누구인가? **마케팅에서 고객은 시작이자 끝이다.** 고객이 있어야 회사의 제품이 존재할 이유가 생긴다. 고객을 이해해야 그들이 원하는 제품을 만들 수 있고, 구매하도록 유도할 수 있으며, 나아가 자발적으로 제품을 홍보하게 만들 수 있다. 성공적인 마케팅을 위해 가장 먼저 해야 할 일은 바로 고객을 제대로 파악하는 것이다. 고객이 누구인지 알지 못하면 효과적인 마케팅 전략을 세울 수 없고, 정체성 없는 제품이 만들어질 가능성이 크다.

1. 고객 확인 (Customer Identification)

기업이 성공하기 위해서는 고객을 명확히 정의하고, 이를 조직 내에서 공유하는 것이 필수적이다. 고객을 제대로 파악하지 못하면 제품의 방향성이 흔들리며, 시장에서 경쟁력을 잃을 가능성이 높아진다. 특히, 플랫폼 사업의 경우 고객을 잘못 정의하면 심각한 실패를 초래할 수 있다. 예를 들어, 네이버, 카카오톡, 구글과 같은 플랫폼 기업들은 주 수익원이 광고에서 나오지만, 서비스 설계는 광고주가 아닌 개인 사용자 중심으로 이루어진다. 이는 광고주들이 개인 사용자가 많은 플랫폼에서 광고하고 싶어 하기 때문이다. 따라서 플랫폼 사업자는 개인 사용자를 유입하고 유지하는 데 집중해야 한다.

고객 파악 성공 사례

고객을 정확히 이해하고 적절한 전략을 펼친 기업들은 시장에서 큰 성공을 거두었다. 넷플릭스는 구독자를 핵심 고객으로 정의하고, 시청 패턴 분석을 통해 개인화된 추천 시스템을 제공하며, 독창적인 오리지널 콘텐츠를 제작하여 고객 만족도를 높였다. 광고 없이 서비스를 운영하며 사용자 경험을 극대화한 것도 주요한 전략 중 하나였다.

유튜브는 광고 수익 기반의 비즈니스 모델을 운영하면서도 광고주보다 시청자와 크리에이터를 핵심 고객으로 삼아, 사용자가 플랫폼에 오래 머물도록 유도하는 알고리즘을 최적화했다. 다양한 콘텐츠를 쉽게 찾고 시청할 수 있도록 UI/UX를 개선하고, 크리에이터를 위한 광고 수익 공유 프로그램을 운영하며 콘텐츠 생산을 장려했다.

배달의민족은 음식점에서 광고비를 받지만, 주문하는 개인 고객을 최우선으로 고려하여 사용자 친화적인 앱 디자인과 직관적인 결제 시스템을 도입했다. 리뷰 시스템을 통해 소비자가 더 쉽게 음식점을 선택할 수 있도록 하고, 다양한 프로모션을 통해 고객 충성도를 강화했다. 이러한 전략 덕분에 배달의민족은 배달 시장을 선도할 수 있었다.

고객 파악 실패 사례

고객을 잘못 정의하면 기업의 방향성이 흐려지고 수익성이 악화될 수 있다. 미디엄은 원래 독립 작가와 독자를 위한 플랫폼이었지만, 수익 모델을 변경하면서 법인 고객을 주 타겟으로 삼았다. 그러나 기업들이 자체 블로그를 선호하면서 법인 고객 확보에 실패했고, 기존 창작자와 독자의 이탈이 증가하면서 경쟁력이 약화되었다. 결국 미디엄은 다시 개인 구독 기반 모델로 회귀해야 했지만, 이미 많은 사용자가 떠난 뒤였다.

티몬은 초기 할인 쿠폰과 프로모션을 통해 빠르게 성장했으나, 이후 입점업체의 요구를 우선시하는 전략을 택하면서 개인 고객의 혜택이 줄어들었다. 할인 혜택이 줄어들자 가격 민감도가 높은 소비자들이 경쟁 플랫폼(쿠팡, 위메프)으로 이동하며 방문자 수가 감소했고, 경쟁력을 상실했다. 입점업체 중심의 전략이 경쟁사 대비 차별성이 부족했던 것도 실패의 원인이었다.

고객을 정확히 정의하는 것은 기업이 지속적으로 성장하기 위한 필수 요소다. 성공적인 기업들은 고객의 니즈를 중심으로 전략을 세우고, 고객 경험을 최우선으로 고려한다. 반면, 잘못된 고객 정의는 시장에서의 실패로 이어질 수 있으므로, 기업은 지속적으로 고객의 변화를 분석하고 유연한 대응 전략을 마련해야 한다.

2. 고객 분석

고객이 누구인지 확인했다면, 이제 그들을 분석해야 한다. 고객 분석을 통해 소비자의 행동과 선호도를 파악하고, 이를 바탕으로 상품을 기획할 수 있다. 특히 창업자는 고객의 성향과 요구를 분석해 시장 진입 전략을 구체화해야 한다.

고객 리서치 방법

고객을 이해하고 분석하는 것은 성공적인 제품과 서비스를 개발하는 데 필수적인 과정이다. 고객 리서치는 크게 정성적 연구(Qualitative Research)와 정량적 연구(Quantitative Research)로 나눌 수 있다. 정성적 연구는 고객의 생각과 감정을 깊이 이해하는 데 초점을 맞추며, 인터뷰, 포커스 그룹, 고객 행동 관찰 등의 방법을 활용한다. 정량적 연구는 수치 데이터를 기반으로 고객 행동과 선호도를 분석하는 방식으로, 설문 조사, 클릭 데이터 분석, 웹사이트 방문자 수 측정 등이 포함된다. 예를 들어, 한 전자상거래 회사는 고객 인터뷰를 통해 신규 사용자가 회원가입 과정에서 불편함을 느낀다는 점을 발견하고, 이를 개선하여 이탈률을 줄일 수 있었다. 또한, 패스트푸드 브랜드는 고객 설문 조사를 통해 햄버거 크기에 대한 불만이 많다는 점을 파악하고 이를 반영하여 신제품을 출시했다.

고객 페르소나 작성

페르소나는 특정 타겟 고객을 대표하는 가상의 인물 모델로, 연령, 직업, 관심사, 행동 패턴 등을 기반으로 설정된다. 페르소나를 활용하면 고객의 니즈를 보다 정확하게 파악할 수 있으며, 마케팅 전략을 효과적으로 수립할 수 있다. 이를 작성하기 위해서는 인구통계학적 정보(연령, 성별, 직업, 소득 수준 등), 심리적 특성(라이프스타일, 가치관, 관심사), 행동적 특성(구매 패턴, 사용 습관, 선호 브랜드), 그리고 고객이 원하는 목표와 해결하고자 하는 문제 등을 정리해야 한다.

페르소나 작성 도구로는 구글 드라이브를 활용해 팀

원들과 협업하거나, 캔바 같은 디자인 툴을 사용하여 직관적으로 정리할 수 있다. 예를 들어, '김지연(35세, 서울 거주, 마케팅 매니저)'이라는 페르소나를 설정하고, '건강한 식사를 원하지만 바쁜 일정으로 인해 균형 잡힌 식사를 하기가 어렵다'는 특징을 추가할 수 있다. 이를 기반으로 맞춤형 마케팅 전략을 개발하고, 고객에게 적합한 제품 및 서비스를 제공할 수 있다.

3. 린스타트업(Lean Startup)

린스타트업(Lean Startup)은 불확실한 시장 환경에서 스타트업이 빠르게 적응하고 성공할 수 있도록 돕는 혁신적인 창업 방법론이다. 이 방법론은 불필요한 시간과 자원의 낭비를 줄이고, 고개 중심의 제품 개발을 통해 효율적인 성장을 이루는 것을 목표로 한다.

린스타트업의 핵심 원칙은 가설을 검증하고 최소 기능 제품(MVP)을 개발하여 시장 반응을 확인하며 지속적으로 개선하는 것이다. 먼저 창업 아이디어를 단순한 가설로 설정하고, 데이터를 통해 검증한다. 그런 다음 완벽한 제품을 만들기보다는 최소한의 기능을 갖춘 제품을 개발하여 시장 반응을 확인한다. 마지막으로 사용자 피드백을 반영하여 제품을 계속해서 업데이트하고 발전시킨다.

린스타트업의 핵심 프로세스: Build – Measure – Learn

린스타트업의 실행 과정은 개발(Build), 측정(Measure), 학습(Learn) 세 단계로 구성된다. 먼저 최소 기능 제품(MVP)을 빠르게 개발하여 핵심 가설을 테스트한다. 제품을 완벽하게 만들기보다는 핵심 기능만 갖춘 상태로 빠르게 출시하는 것이 중요하다. 다음으로 고객 데이터를 수집하고 사용자의 반응을 분석하여 초기 가설을 검증한다. 이 과정에서 데이터 기반 접근 방식을 활용하여 시장의 실제 요구를 파악할 수 있다. 마지막으로 수집한 데이터를 바탕으로 제품을 유지할 것인지(퍼서버, Persevere), 방향을 수정할 것인지(피벗, Pivot) 결정한다. 학습을 반복하며 점진적으로 제품을 개선해 나간다.

린스타트업 성공 사례:
드롭박스(Dropbox)

드롭박스는 새로운 클라우드 저장 서비스에 대한 시장 반응이 불확실했다. 정식 제품을 개발하기 전에 소비자가 이 서비스를 필요로 하는지 검증할 필요가 있었다. 이를 위해 정식 제품을 출시하기 전 단순한 데모 영상을 제작하여 시장 반응을 살폈다. 이 영상은 서비스가 어떻게 작동하는지를 간단하고 명확하게 설명하는 것이었다.

이 영상이 큰 화제가 되면서 사전 등록자가 폭발적으로 증가했고, 이후 정식 제품을 개발하고 출시하여 성공적인 시장 진입을 이뤘다. 이 사례에서 얻을 수 있는 교훈은 완전한 제품을 개발하기 전에 간다한 방법으로라도 시장 수요를 검증하는 것이 중요하다는 점이다.

린스타트업을 시행하지 않아 실패한 사례:
세그웨이(Segway)

세그웨이는 2001년에 출시된 혁신적인 개인 이동 수단으로, 기술적으로 획기적인 제품이었다. 그러나 시장에서 큰 성공을 거두지는 못했다. 그 이유는 고객의 수요를 검증하지 않고 제품을 개발했기 때문이다. 또한, MVP 없이 대규모 완성품을 제작한 후 바로 시장에 출시했고, 가격, 규제, 사용성 등의 핵심 문제를 간과했다.

그 결과 예상보다 소비자 수요가 적었고, 대중화에 실패했다. 기업은 막대한 비용을 투입했지만, 시장에서 성공하지 못했다. 이 사례는 제품을 완성하기 전에 시장 검증이 필수적이며, 고객이 실제로 필요로 하는지를 확인해야 한다는 교훈을 남겼다.

기술 창업에서 린스타트업의 중요성

린스타트업 방법론은 기술 기반 창업에서 특히 중요한 역할을 한다. 스타트업은 자원이 한정적이므로 불필요한 낭비를 줄이는 것이 필수적이다. 또한, 고객 데이터를 분석하여 명확한 방향을 설정할 수 있으며, 시장 변화에 빠르게 적응하기 위해 MVP와 피드백 루프를 활용해야 한다.

4. 고객 여정 맵핑(Customer Journey Mapping) : 고객 경험을 최적화하는 전략

고객 여정 맵핑(Customer Journey Mapping)은 고객이 제품을 처음 접하고, 구매를 결정하며, 이후에도 브랜드와 상호작용하는 전체 과정을 시각적으로 나타내는 기법이다. 이를 통해 기업은 고객이 브랜드와 어떻게 관계를 맺는지를 분석하고, 경험의 흐름 속에서 어떤 부분을 개선할 수 있는지를 파악할 수 있다. 궁극적으로 고객 여정 맵핑은 브랜드 충성도를 높이고, 고객 만족도를 극대화하는 데 기여한다.

고객이 제품을 접하는 과정은 단순한 구매 행위로 끝나지 않는다. 고객은 브랜드를 처음 인식하고 관심을 가지는 순간부터 구매 결정을 내리고, 제품을 사용하며 경험하고, 이후 다시 브랜드를 찾거나 추천하는 모든 과정에서 다양한 감정과 기대를 갖는다. 기업이 이러한 고객의 심리를 이해하고 대응하면, 더 나은 제품과 서비스를 제공할 수 있으며, 장기적인 관계를 구축할 수 있다.

고객 여정의 주요 단계

고객 여정은 일반적으로 다섯 가지 단계로 나누어진다. 각각의 단계에서 기업이 제공해야 하는 핵심 가치와 고려해야 할 요소들이 존재한다.

첫 번째 단계는 인지(Awareness) 단계이다. 이 단계에서 고객은 특정한 문제를 인식하고, 해결책을 찾기 시작한다. 기업은 광고, SNS 마케팅, 블로그 콘텐츠, 입소문 마케팅 등을 활용하여 고객에게 제품과 브랜드를 자연스럽게 노출해야 한다. 중요한 점은 단순히 광고를 통해 홍보하는 것이 아니라, 고객이 공감할 수 있는 문제를 제시하고, 브랜드가 그 해결책을 제공할 수 있다는 신뢰를 주는 것이다. 예를 들어, 건강기능식품 브랜드는 '건강한 식습관'이라는 주제를 강조하며 콘텐츠를 제작하고, 자연스럽게 브랜드의 역할을 소개할 수 있다.

두 번째 단계는 고려(Consideration) 단계로, 고객이 여러 대안을 비교하고 자신에게 가장 적합한 제품이나 서비스를 찾는 과정이다. 이 단계에서 기업은 경쟁 제품과의 차별점을 명확히 전달해야 한다. 제품의 기능, 가격, 후기 등을 쉽게 비교할 수 있도록 정보를 제공하면 고객이 올바른 선택을 내리는 데 도움을 줄 수 있다. 신뢰도 높은 리뷰, 전문가 추천, 무료 체험 기회 제공 등이 고려 단계에서 중요한 역할을 한다. 예를 들어, 전자기기 브랜드가 신제품을 출시하면서 고객이 직접 체험할 수 있도록 오프라인 체험 매장을 운영하는 것도 효과적인 전략이 될 수 있다.

세 번째 단계는 구매(Purchase) 단계로, 고객이 최종적으로 제품을 선택하고 구매를 실행하는 순간이다. 이 과정에서 중요한 것은 고객이 불편함 없이 쉽게 구매할 수 있도록 하는 것이다. 복잡한 결제 과정이나 불명확한 가격 정책은 고객 이탈을 유발할 수 있다. 따라서 기업은 직관적인 결제 프로세스를 제공하고, 다양한 결제 옵션을 지원하는 것이 중요하다. 또한, 신규 고객을 대상으로 한 할인 혜택이나 프로모션을 제공하면 구매 결정을 촉진할 수 있다. 예를 들어, 온라인 쇼핑몰이 첫 구매 고객에게 할인 쿠폰을 제공하면 진입 장벽을 낮출 수 있다.

네 번째 단계는 사용(Experience) 단계로, 고객이 제품을 실제로 사용하면서 경험하는 과정이다. 이 단계에서 고객이 긍정적인 경험을 하도록 기업은 제품 사용법을 명확하게 안내하고, 문제가 발생했을 때 빠르게 해결할 수 있도록 고객 지원 서비스를 강화해야 한다. 사용 경험이 원활하지 않거나 기대에 미치지 못하면 부정적인 후기나 불만족으로 이어질 수 있다. 예를 들어, 스타벅스는 고객이 매장에서 경험하는 모든 과정을 분석한 후, 모바일 주문 시스템을 도입하여 대기 시간을 줄이고 주문 과정을 간소화했다. 이를 통해 고객 경험이 개선되었고, 브랜드에 대한 만족도가 증가했다.

마지막으로 충성도(Loyalty) 단계에서는 고객이 제품을 지속적으로 사용하고, 브랜드에 대한 애착을 형성하는 과정이 이루어진다. 기업은 단순한 제품 판매를 넘어서, 고객과의 장기적인 관계를 구축해야 한다. 이를 위해 리워드 프로그램을 운영하거나, 개인 맞춤형 혜택을 제공하는 것이 효과적이다. 예를 들어, 항공사들은 마일리지 프로그램을 통해 고객이 지속적으로 해당 브랜드를 이용하도록 유도한다. 또한, 이메일 뉴스레터나 커뮤니티를 운영하며 브랜드와 지속적인 관계를 유지할 수도 있다.

고객 경험을 개선하기 위한 전략

고객 여정 맵핑을 효과적으로 활용하면 기업은 각 단계에서 발생하는 문제점을 개선하고, 보다 나은 고객 경험을 제공할 수 있다. 첫째, 데이터를 적극적으로 분석하여 고객이 어떤 지점에서 불편을 느끼는지를 파악해야 한다. 이를 위해 설문조사, 피드백 수집, 사용자 행동 분석 등의 방법을 활용할 수 있다. 둘째, 고객과의 직접적인 소통을 강화해야 한다. 실시간 채팅, 고객 센터 운영, 소셜 미디어를 통한 피드백 반영 등을 통해 고객의 요구에 신속하게 대응하면 브랜드 신뢰도를 높일 수 있다. 셋째, 개인 맞춤형 서비스를 제공하는 것도 중요한 전략이다. 예를 들어, 전자상거래 기업이 고객의 구매 이력을 분석하여 맞춤형 추천 상품을 제공하면 고객의 만족도가 증가할 수 있다.

고객 여정 맵핑은 단순히 고객의 구매 경로를 분석하는 것이 아니라, 브랜드와 고객 간의 관계를 개선하고 지속적인 가치를 제공하기 위한 중요한 전략이다. 고객이 브랜드를 처음 접하는 순간부터 구매, 사용, 충성도로 이어지는 모든 과정에서 긍정적인 경험을 제공하는 것이 중요하다. 이를 위해 기업은 고객의 행동을 깊이 이해하고, 데이터를 기반으로 지속적으로 서비스를 개선해야 한다. 고객 경험이 곧 기업의 경쟁력이 되는 시대에서, 고객 여정 맵핑을 활용한 전략적 접근은 성공적인 비즈니스를 위한 필수 요소가 될 것이다.

5. 넛지(Nudge) 마케팅 : 부드러운 개입으로 소비자 행동을 유도하는 전략

넛지(Nudge) 마케팅은 강제나 명령이 아닌 부드러운 개입을 통해 소비자의 선택을 자연스럽게 유도하는 전략이다. 경제학자 리처드 탈러(Richard Thaler)와 법학자 캐스 선스타인(Cass Sunstein)이 제시한 개념으로, 사람들이 특정한 방향으로 행동하도록 하면서도 자유로운 선택권을 보장하는 방식이다. 이는 인간이 비합리적인 결정을 내릴 수 있다는 점을 고려하여, 행동 경제학적 원리를 마케팅에 적용하는 기법이다. 예를 들어, 건강한 식습관을 장려하기 위해 구내식당에서 과일을 눈에 잘 띄는 위치에 배치하는 것은 넛지 마케팅의 한 사례이다. 소비자에게 건강한 선택을 강요하지 않지만, 자연스럽게 그러한 선택을 하도록 유도하는 방식이다.

넛지 전략과 실생활 적용 사례

넛지 마케팅에는 다양한 전략이 있으며, 이를 적절히 활용하면 소비자의 선택을 보다 긍정적인 방향으로 이끌 수 있다. 대표적인 넛지 전략에는 디폴트 설정(Default Setting), 사회적 증거(Social Proof), 손실 회피 효과(Loss Aversion)가 있다.

첫 번째 전략은 디폴트 설정(Default Setting)이다. 사람들은 기본값으로 설정된 옵션을 따르는 경향이 강하기 때문에, 이를 활용하면 특정 행동을 유도할 수 있다. 예를 들어, 퇴직연금 가입 시 자동 등록을 기본값으로 설정하면 가입률이 크게 증가하는 것으로 나타났다. 이는 사람들이 별도의 선택을 하지 않을 경우, 기본적으로 설정된 방향으로 행동할 가능성이 높기 때문이다.

두 번째 전략은 사회적 증거(Social Proof)이다. 사람들은 다른 사람들의 행동을 따라 하는 경향이 있으며, 다수가 선택한 옵션을 신뢰하는 경향이 있다. 이를 마케팅에 활용하면 효과적으로 소비자의 결정을 유도할 수 있다. 예를 들어, 호텔에서 "이 호텔의 고객 중 80%가 수건을 재사용합니다"라는 문구를 부착하면, 실제로 수건 재사용률이 증가하는 효과를 보인다. 온라인 쇼핑몰에서도 "이 제품은 10,000명이 구매했습니다"와 같은 문구를 사용하면 구매율을 높일 수 있다.

세 번째 전략은 손실 회피 효과(Loss Aversion)이다. 사람들은 같은 금액을 얻는 것보다 잃는 것을 더 크게 느끼는 경향이 있다. 이를 활용하면 소비자에게 더 효과적으로 메시지를 전달할 수 있다. 예를 들어, "이 보험을 가입하지 않으면 연간 50만 원의 혜택을 놓칠 수 있습니다"라는 메시지는 "이 보험을 가입하면 연간 50만 원을 절약할 수 있습니다"라는 문구보다 더 강한 동기를 부여할 가능성이 높다. 이는 사람들이 손실을 피하려는 심리가 강하기 때문이다.

넛지 마케팅의 실효성과 활용 방법

넛지 마케팅이 효과적인 이유는 인간의 자연스러운 심리적 경향을 활용하기 때문이다. 사람들은 기본 설정된 옵션을 따르는 경향이 있으며, 사회적 증거에 영향을 받으며, 손실을 피하려는 심리가 강하다. 이를 마케팅 전략에 적용하면 소비자의 행동을 자연스럽게 유도할 수 있다.

기업이 넛지 마케팅을 효과적으로 활용하려면 먼저

고객의 행동 패턴을 분석해야 한다. 어떤 상황에서 소비자들이 특정한 선택을 하는지를 이해한 후, 이를 기반으로 넛지 전략을 설계할 수 있다. 예를 들어, 온라인 쇼핑몰은 고객이 장바구니에 담은 제품을 구매하지 않을 경우, "이 제품이 곧 품절될 수 있습니다"라는 메시지를 제공하여 구매 결정을 유도할 수 있다.

또한, 넛지 전략을 도입할 때 강요가 아닌 부드러운 개입이어야 한다는 점을 명심해야 한다. 소비자가 자율적으로 선택할 수 있도록 하면서도, 보다 긍정적인 선택을 하도록 유도하는 것이 핵심이다. 이러한 원칙을 준수하면, 고객에게 신뢰를 줄 수 있으며 장기적인 브랜드 충성도를 구축할 수 있다.

넛지 마케팅은 소비자의 자유로운 선택을 존중하면서도 특정한 방향으로 행동을 유도할 수 있는 강력한 전략이다. 디폴트 설정, 사회적 증거, 손실 회피 효과와 같은 전략을 적절히 활용하면, 고객이 보다 자연스럽게 원하는 행동을 하도록 만들 수 있다. 강제적인 광고나 할인 행사가 아닌, 소비자의 심리를 고려한 세련된 접근법이 필요한 시대에서, 넛지 마케팅은 기업이 고객과의 신뢰를 유지하면서도 효과적으로 목표를 달성하는 데 중요한 역할을 할 것이다.

Ⅲ. 마케팅 전략 짜기

이 장의 제목을 마케팅 전략짜기라고 만들었다. 당연한 이야기이지만 전략은 다양한 구성요소를 엮어서 만드는 것이다. 그래서, '짜기'라는 단어를 활용하여 전략을 어떻게 수립하여야 성공하는 기업으로 나아갈 수 있는지 고민하고자 한다.

1. 환경 분석

마케팅 전략을 수립할 때, 기업이 직면한 환경을 철저히 분석하는 것이 필수적이다. 시장은 끊임없이 변화하며, 기업은 이를 예측하고 대응해야 경쟁력을 유지할 수 있다. 환경 분석은 기업이 직면한 외부 및 내부 요인을 평가하고, 이를 바탕으로 최적의 전략을 도출하는 과정이다. 이를 통해 기업은 시장 기회를 포착하고, 위험 요소를 사전에 차단할 수 있다.

환경 분석은 크게 거시적 환경 분석, 미시적 환경 분석, 소비자 분석, 자사 분석, 경쟁자 분석, 공급업자 분석 및 기타 사회·기술적 요인 분석으로 나뉜다. 각각의 분석을 균형 있게 수행하면 기업이 시장에서 효과적으로 차별화되고 지속적으로 성장할 수 있는 방향을 설정할 수 있다.

거시적 환경 분석

거시적 환경 분석은 시장의 전반적인 흐름을 파악하는 과정으로, 일반적으로 PEST 분석(정치적·경제적·사회적·기술적 요소 분석, Political, Economic, Social, and Technological analysis)을 활용한다. 정부 정책과 규제 변화는 기업 운영에 직접적인 영향을 미칠 수 있으며, 경제적 요인은 소비자의 구매력과 기업의 수익성에 영향을 준다. 예를 들어, 금리 변화나 경기 침체는 소비 지출에 영향을 미칠 수 있으므로, 이에 대비한 전략이 필요하다. 사회적 요인은 인구 구조와 소비자 가치관 변화를 포함하며, 이는 제품 개발 및 마케팅 전략 수립에 중요한 요소가 된다. 건강 및 환경 보호에 대한 관심이 증가하면 친환경 제품에 대한 수요가 늘어날 수 있다. 기술적 요인은 신기술의 도입과 혁신 속도를 의미하며, 기업이 경쟁력을 유지하기 위해 지속적으로 신기술을 도입해야 함을 시사한다.

미시적 환경 분석

미시적 환경 분석은 기업과 직접적으로 상호작용하는 요소들을 분석하는 과정이다. 고객, 공급업자, 시장 내 경쟁 요소 등을 포함하며, 이를 분석함으로써 실질적인 비즈니스 전략을 수립할 수 있다.

소비자 분석을 통해 특정 소비층의 행동 패턴과 구매 결정 요인을 파악할 수 있다. 소비자들이 어떤 요소를 중시하는지 분석하고, 이에 맞춘 마케팅 전략을 수립하면 효과적인 고객 확보가 가능하다. 예를 들어, 밀레니얼 세대와 Z세대 소비자는 브랜드 가치와 사회적 책임을 중요하게 여기므로, 이러한 요소를 강조한 마케팅이 효과적일 수 있다.

공급업자 분석은 원자재 조달 및 생산 비용 관리에 중요한 역할을 한다. 안정적인 공급망을 구축하지 않으면 생산 지연과 비용 증가 등의 문제가 발생할 수 있다. 따라서 다각적인 공급망을 확보하고, 비용 절감과 품질 향상을 위한 전략을 수립하는 것이 필수적이다.

경쟁자 분석

경쟁자 분석은 기업이 시장에서 차별화된 전략을 수립하는 데 핵심적인 요소이다. 이를 통해 경쟁사의 강점과 약점을 파악하고, 자사의 차별화 전략을 구체화할 수 있다. 경쟁자 분석을 효과적으로 수행하기 위해 다음과 같은 요소를 고려해야 한다.

경쟁사의 제품과 서비스 특징을 분석하여 차별화 요소를 찾는 것이 중요하다. 경쟁사가 제공하는 주요 기능과 서비스를 파악하고, 자사의 강점과 비교하여 차별화 전략을 수립해야 한다. 예를 들어, 경쟁 제품이 기술적으로 우수하다면, 자사는 디자인이나 사용자 경험을 개선하는 방향으로 차별화를 시도할 수 있다.

가격 정책도 중요한 분석 요소이다. 경쟁사가 어떤 가격 전략을 사용하고 있는지 파악하고, 이에 맞춰 가격 경쟁을 벌일지, 프리미엄 전략을 채택할지를 결정해야 한다. 예를 들어, 경쟁사가 저가 정책을 통해 시장 점유율을 확대하고 있다면, 자사는 부가적인 서비스를 제공하여 고객 가치를 높이는 전략을 선택할 수도 있다.

유통 전략도 분석해야 한다. 경쟁사가 오프라인 채널을 중심으로 운영하고 있다면, 자사는 온라인 채널을 강화하여 차별화할 수 있다. 또한, 경쟁사의 브랜드 마케팅 방식과 광고 전략을 분석하여 자사의 브랜딩 전략을 보완할 수 있다. 브랜드 충성도를 높이기 위해 경쟁사가 운영하는 멤버십 프로그램, 고객 서비스, 충성도 마케팅 등의 요소도 분석해야 한다.

자사 분석

자사 분석은 기업이 보유한 강점과 약점을 명확히 파악하고, 이를 바탕으로 시장 기회를 최대한 활용하는 전략을 도출하는 과정이다. SWOT 분석(강점, 약점, 기회, 위협 분석)을 활용하면 자사의 현재 위치를 보다 명확하게 파악할 수 있다. 예를 들어, 브랜드 인지도가 높은 기업이라면 이를 활용하여 신제품 출시 시 빠르게 시장을 선점할 수 있다.

4P 전략(제품, 가격, 유통, 프로모션)을 기반으로 기업의 마케팅 활동을 점검해야 한다. 제품(Product) 측면에서

는 소비자가 원하는 기능과 디자인을 제공하는 것이 중요하며, 가격(Price) 측면에서는 목표 고객층에 맞는 적절한 가격 정책을 설정해야 한다. 유통(Place) 전략에서는 온·오프라인 채널을 균형 있게 활용하고, 프로모션(Promotion)에서는 효과적인 광고 및 판촉 전략을 실행하는 것이 필요하다.

브랜드 포지셔닝과 핵심 가치 제공을 명확히 설정하면, 소비자의 신뢰를 얻고 지속적인 관계를 유지할 수 있다. 또한, 기업 내부 역량을 평가하여 강점을 극대화하고, 부족한 부분을 보완하는 전략을 마련하는 것이 중요하다.

법적 환경 및 기타 요인 분석

법적 환경 분석은 기업 운영에 영향을 미치는 규제 및 법률을 준수하면서도 경쟁력을 유지하는 방법을 모색하는 과정이다. 기술 혁신의 방향성을 분석하고, 경제 변화에 따른 소비 패턴 변화를 예측하며, 사회적 가치관 변화를 반영하는 것이 필요하다. 예를 들어, 데이터 보호법이 강화되면 기업은 개인정보 보호 정책을 강화하는 방향으로 전략을 수정해야 한다.

2. 사업 포트폴리오 분석 :
효과적인 투자 전략과 경쟁력 확보

사업 포트폴리오 분석은 기업이 한정된 자원을 효과적으로 배분하고 장기적인 경쟁력을 유지하기 위해 필수적인 과정이다. 사업 포트폴리오 분석을 통해 기업은 어떤 사업에 지속적인 투자를 해야 하고, 어떤 사업은 철수해야 하는지를 결정할 수 있다. 이를 위해 대표적으로 BCG 매트릭스, GE-McKinsey 매트릭스, 포터의 5 Forces 모델을 활용한다. 또한, 경쟁 우위를 확보하기 위한 전략을 수립하여 시장 내에서 차별화된 입지를 구축하는 것이 중요하다.

BCG 매트릭스를 활용한 사업 평가

BCG(보스턴 컨설팅 그룹) 매트릭스는 사업을 시장 성장률과 시장 점유율이라는 두 가지 요소를 기준으로 평가하는 방법이다. 이 매트릭스는 기업이 보유한 사업을 네 가지 유형으로 분류하여 적절한 전략을 도출하는 데 도움을 준다.

첫 번째 유형은 **별**(Star) 사업으로, 시장 성장률과 점유율이 모두 높은 사업을 의미한다. 이러한 사업은 시장 내에서 강력한 입지를 확보하고 있으며, 향후 더 큰 성장을 위해 지속적인 투자가 필요하다. 예를 들어, 스마트폰 산업 초기의 애플과 삼성의 플래그십 제품이 여기에 해당한다. 이들은 시장 내 점유율을 확대하기 위해 연구개발(R&D)과 마케팅에 적극 투자하였다.

두 번째 유형은 **현금젖소**(Cash Cow) 사업이다. 이는 시장 성장률이 낮지만 높은 시장 점유율을 유지하는 사업을 의미한다. 해당 사업은 상대적으로 안정적인 수익원을 제공하며, 추가적인 대규모 투자가 필요하지 않기 때문에 기업의 다른 성장 사업에 자금을 공급하는 역할을 한다. 예를 들어, 코카콜라와 같은 글로벌 브랜드는 성숙한 시장에서 꾸준한 수익을 창출하며, 새로운 제품 개발을 위한 재정을 지원한다.

세 번째 유형은 **물음표**(Question Mark) 사업으로, 성장 가능성이 있지만 현재 시장 점유율이 낮은 사업을 말한다. 이 사업은 전략적인 결정을 내려야 하는 중요한 단계에 있으며, 추가 투자를 통해 별(Star) 사업으로 성장할 가능성이 있지만, 실패할 경우 손실을 초래할 수도 있다. 예를 들어, 새로운 기술 기반 스타트업이 초기 단계에서 높은 성장 가능성을 보이지만, 시장 점유율이 낮아 생존 여부가 불확실한 경우가 이에 해당한다.

마지막 유형은 **개**(Dog) 사업으로, 시장 성장률과 점유율이 모두 낮은 사업을 의미한다. 이 사업은 수익성이 낮거나 시장에서 경쟁력이 부족하여, 철수를 고려해야 할 수도 있다. 기업은 이러한 사업을 유지할 가치가 있는지, 아니면 다른 성장 가능성이 있는 분야에 자원을 재배분할지를 신중히 결정해야 한다.

GE-McKinsey 매트릭스를 활용한 투자 전략

GE-McKinsey 매트릭스는 BCG 매트릭스보다 더욱 정교한 방식으로 사업을 평가하는 방법이다. 이 매트릭스는 **산업 매력도**와 **사업 강점**이라는 두 가지 축을 기반으로 사업을 평가하며, 기업이 보유한 여러 사업에 대한 투자 우선순위를 설정하는 데 도움을 준다.

산업 매력도는 시장 성장률, 경쟁 강도, 수익성 등을 종합적으로 고려하여 평가한다. 반면, 사업 강점은 기업이 해당 산업에서 보유한 경쟁력, 브랜드 인지도, 기술력 등을 기준으로 측정한다. 이러한 분석을 바탕으로 기업은 성장 가능성이 높은 사업에 집중 투자하고, 상대적으로 약한 사업은 축소하거나 철수하는 전략을 수립할 수 있다.

예를 들어, 글로벌 전자 기업이 새로운 전기차 배터리 기술을 개발했을 때, 산업 매력도가 높고 해당 기업의 기술력이 우수하다면 적극적인 투자를 결정할 수 있다. 반면, 산업 매력도는 높지만 기업이 해당 산업에서 경쟁력이 부족하다면, 전략적 제휴를 맺거나 점진적으로 사업을 확대하는 접근 방식을 고려할 수 있다.

포터의 5 Forces 모델을 통한 사업구조 분석

경쟁 환경을 보다 심층적으로 이해하기 위해서는 포터의 5 Forces 모델이 활용된다. 이 모델은 산업 내 경쟁 요인을 다섯 가지 요소로 나누어 분석함으로써 기업이 시장 내에서 경쟁 우위를 확보할 수 있는 전략을 도출하는 데 도움을 준다.

1. 기존 기업 간 경쟁: 시장 내 경쟁 강도를 분석하고, 경쟁 우위를 확보할 수 있는 요소를 식별한다. 예를 들어, 스마트폰 시장에서는 기술 혁신과 디자인 차별화가 경쟁의 핵심 요소가 된다.

2. 잠재적 진입자의 위협: 신규 기업의 시장 진입 장벽을 분석하고, 자사의 시장 지위를 보호하기 위한 전략을 마련한다.

3. 대체재의 영향: 소비자들이 기존 제품 대신 사용할 수 있는 대체재의 위협을 평가하여, 제품 차별화를 강화하는 전략을 고려한다.

4. 공급자의 협상력: 원재료 공급업체의 협상력을 평가하고, 비용을 절감할 수 있는 공급망 전략을 수립한다.

5. 구매자의 협상력: 고객의 가격 협상력을 분석하고, 브랜드 충성도를 높이기 위한 마케팅 전략을 마련한다.

경쟁 우위 전략을 통한 차별화

사업 포트폴리오 분석을 바탕으로, 기업은 경쟁 우위를 확보하기 위한 전략을 수립해야 한다. 대표적인 경쟁 우위 전략에는 **비용 우위 전략**, **차별화 전략**, **집중화 전략**이 있다.

비용 우위 전략은 생산 비용을 절감하여 가격 경쟁력을 높이는 방식이다. 대량 생산을 통해 원가를 절감하거나, 운영 효율성을 극대화하는 방법이 이에 해당한다. 차별화 전략은 제품의 독창성을 강조하여 경쟁력을 강화하는 방식이다. 예를 들어, 애플의 아이폰은 디자인과 사용자 경험을 차별화하여 시장에서 강력한 브랜드 가치를 형성하였다.

집중화 전략은 특정 시장에 집중하여 경쟁사를 압도하는 전략을 의미한다. 특정 고객층을 타겟으로 맞춤형 제품이나 서비스를 제공함으로써 높은 고객 충성도를 확보하는 것이 핵심이다.

3. 육하원칙을 활용한 마케팅 전략 수립

마케팅 전략을 효과적으로 수립하기 위해서는 '누가(Who), 무엇을(What), 왜(Why), 언제(When), 어디서(Where), 어떻게(How)'라는 육하원칙(6W1H)을 활용하는 것이 유용하다. 육하원칙은 마케팅 기획 과정에서 제품의 핵심 가치, 타겟 고객, 최적의 홍보 방법 등을 명확하게 정의하는 데 도움을 준다. 이를 체계적으로 분석하면 기업은 보다 효율적인 마케팅 전략을 수립하고, 목표 고객층을 효과적으로 공략할 수 있다.

무엇을(What):
출시할 제품의 핵심 가치와 차별성을 정의하기

마케팅 전략의 첫 번째 단계는 어떤 제품을 출시할 것인지 명확히 정의하는 것이다. 제품이 제공하는 핵심 가치가 무엇인지, 기존 경쟁 제품과 차별화되는 요소는 무엇인지를 분석해야 한다. 예를 들어, 새로운 기능을 갖춘 스마트폰을 출시하려는 기업이라면, 경쟁사 제품과 차별되는 독창적인 기술이나 디자인을 강조해야 한다. 고객이 제품을 선택할 만한 강력한 이유를 제시할 수 있어야 하며, 제품의 주요 특징과 장점을 명확히 전달하는 것이 중요하다. 또한, 제품의 정의에 대하여 기업대표에서부터 모든 구성원들이 같은 생각을 해야 한다. 구성원들이 서로 다르게 이해하고 있으면 기업의 비용이 많이 들어가고, 제대로 된 마케팅이 이루어질 수 없다.

왜(Why):
고객이 제품을 선택해야 하는 이유를 명확히 하기

고객이 우리 제품을 선택해야 하는 이유를 명확히 정의해야 하며, 제품이 제공하는 가치를 강조하는 것이 필요하다. 예를 들어, 건강 음료를 판매하는 브랜드라면, 단순한 음료가 아니라 '면역력 강화'나 '에너지 보충'이라는 핵심 가치를 부각해야 한다. 감성적인 스토리텔링을 활용하면 브랜드와 제품에 대한 고객의 공감대를 형성할 수 있으며, 신뢰도를 높이는 데 도움이 된다.

언제(When):
최적의 제품 사용 시점과 구매 타이밍 고려하기

제품을 언제 출시해야 하는지, 마케팅해야 하는지도 중요한 요소이다. 특정 시즌이나 트렌드에 맞춰 마케팅 전략을 수립하면 소비자의 관심을 효과적으로 끌 수 있다. 예를 들어, 여름철에는 자외선 차단 제품이나 시원한 음료의 수요가 증가하므로, 이 시기를 활용해 집중적인 광고 캠페인을 진행하는 것이 효과적이다. 또한, 신제품 출시 시점도 중요하다. 경쟁사가 비슷한 시기에 신제품을 출시하는 경우, 차별화된 마케팅 전략을 통해 소비자의 주목을 끌어야 한다.

누구에게(Who):
핵심 타겟 고객을 정의하고 페르소나 설정하기

마케팅 전략을 수립할 때 가장 중요한 요소 중 하나는 누구에게 판매할 것인가를 명확히 정의하는 것이다. 모든 사람을 대상으로 한 마케팅은 효과적이지 않으며, 명확한 타겟 고객층을 설정하는 것이 필수적이다. 페르소나(Persona)를 설정하면 고객의 연령, 성별, 직업, 관심사 등을 분석하여 보다 정교한 마케팅 전략을 수립할 수 있다. 예를 들어, MZ세대를 대상으로 한 패션 브랜드라면 SNS를 적극 활용한 마케팅이 효과적이며, 중장년층을 타겟으로 하는 건강식품 브랜드라면 TV 광고나 전단지를 활용하는 것이 적절할 수 있다.

어디서(Where):
최적의 판매 및 홍보 채널 결정하기

온라인과 오프라인을 적절히 활용해야 하며, 각 채널의 특성을 고려해 마케팅 활동을 계획해야 한다. 온라인 쇼핑이 활성화된 시대에는 자사 홈페이지뿐만 아니라 오픈마켓, 소셜미디어, 유튜브 등을 활용한 마케팅이 필수적이다. 반면, 고급 브랜드의 경우 오프라인 매장을 활용해 프리미엄 브랜드 이미지를 강조하는 것이 효과적일 수 있다. 제품의 특성과 목표 고객층에 맞춰 적절한 채널을 선택하는 것이 중요하다.

어떻게(How): 다양한 마케팅 기법 활용하기

마케팅 전략을 효과적으로 실행하기 위해서는 다양한 마케팅 기법을 활용해야 한다. 광고, 콘텐츠 마케팅, 인플루언서 협업, 프로모션 등 여러 방법을 결합하여 소비자의 관심을 유도하는 것이 중요하다.

- 광고 캠페인: TV, 유튜브, SNS, 온라인 배너 광고 등을 통해 브랜드 인지도를 높일 수 있다.

- 콘텐츠 마케팅: 블로그, 유튜브, SNS 등을 활용해 유용한 정보를 제공함으로써 자연스럽게 브랜드를 홍보할 수 있다. 예를 들어, 뷰티 브랜드는 화장품 사용법을 소개하는 콘텐츠를 제작하면 소비자의 관심을 끌 수 있다.

- 인플루언서 협업: 유명 인플루언서나 셀럽을 활용한 마케팅은 신뢰도를 높이는 데 효과적이다. 특정 제품을 인플루언서가 직접 사용하고 추천하면 소비자의 구매 결정에 긍정적인 영향을 미칠 수 있다.

- 프로모션 전략: 할인 이벤트, 쿠폰 제공, 멤버십 혜택 등을 통해 소비자의 구매를 유도할 수 있다. 예를 들어, '첫 구매 고객 20% 할인'과 같은 전략은 신규 고객 유치에 효과적이다.

4. 비즈니스 모델과 마케팅

비즈니스 모델은 기업이 가치를 창출하고 전달하며 수익을 창출하는 구조이다. 비즈니스 모델에서 마케팅의 비중은 매우 크다. 마케팅은 이를 실행하고 확장하는 핵심 전략으로 작용하며, 효과적인 마케팅 없이는 뛰어난 제품도 시장에서 성공하기 어렵다. 따라서 두 요소를 연계하여 전략적으로 접근하는 것이 중요하다.

비즈니스 모델의 핵심 요소

비즈니스 모델은 가치 제안, 고객 세그먼트, 채널, 수익 모델, 핵심 활동, 핵심 파트너, 비용 구조로 구성된다.

- 가치 제안(Value Proposition): 고객이 제품을 선택하는 이유로, 차별화된 가치를 제공해야 한다. 예를 들어, 애플은 디자인과 생태계를 강조한다.

- 고객 세그먼트(Customer Segments): 특정 소비층을 타겟으로 설정해 맞춤형 제품과 서비스를 제공해야 한다. 넷플릭스는 연령과 취향에 따라 콘텐츠를 세분화한다.

- 채널(Channels): 온라인, 오프라인, 배달 서비스 등 적절한 유통 경로를 활용해야 한다. 예를 들어, 아마존은 온라인 서점을 혁신적으로 운영했다.

- 수익 모델(Revenue Streams): 제품 판매, 구독 모델, 광고 수익 등 다양한 수익 구조를 설정할 수 있다. 스포티파이는 무료와 유료 모델을 결합해 운영한다.

- 핵심 활동(Key Activities) 및 파트너(Key Partnerships): 제품 개발, 생산, 마케팅 등 주요 활동을 최적화하고, 공급업체나 협력사와의 관계를 강화해야 한다.

- 비용 구조(Cost Structure): 운영 비용을 효율적으로 관리하여 수익성을 극대화해야 한다.

마케팅과 비즈니스 모델의 연계

마케팅 전략은 가치 제안을 효과적으로 전달하고, 고객 세그먼트에 맞는 맞춤형 마케팅을 실행하는 데 필수적이다. 제품-시장 적합성(Product-Market Fit)을 검증하고 브랜드 인지도를 높이며, 고객 충성도를 구축하는 역할을 한다. 예를 들어, 테슬라는 '친환경 혁신 자동차'라는 브랜드 이미지를 성공적으로 구축했다.

5. 마케팅 브랜드 전략 : 차별화와 충성도 구축

브랜드는 소비자가 특정 제품이나 서비스를 인식하고 신뢰하도록 만드는 중요한 요소이다. 단순한 로고나 이름을 넘어, 브랜드는 소비자의 감정과 경험을 형성하며 장기적인 가치를 증대시킨다. 예를 들어, 애플은 혁신적인 디자인과 사용자 경험을 강조하며 브랜드를 하나의 상징으로 만들었다. 강력한 브랜드는 소비자의 충성도를 높이고, 유통망 확보와 신제품 도입 시 마케팅 비용을 절감하는 데 기여한다.

브랜드 전략 및 의사결정

브랜드 전략을 수립할 때, 기업은 브랜드 운영 방식과 브랜드명을 신중하게 결정해야 한다. 먼저, 브랜드 운영 방식은 제조업체 브랜드, 유통업체 브랜드, 노브랜드 전략으로 나뉜다. 제조업체 브랜드는 애플이나 코카콜라처럼 기업이 직접 브랜드를 관리하는 방식이며, 유통업체 브랜드는 이마트의 PB상품처럼 유통업체가 자체 브랜드를 활용하는 형태이다. 한편, 노브랜드 전략은 별도의 브랜드 없이 가격 경쟁력을 강조하는 방식으로, '노브랜드 버거'와 같은 사례가 대표적이다.

　브랜드명을 결정할 때는 개별 브랜드명, 공동 브랜드명, 브랜드 확장 전략을 고려할 수 있다. 개별 브랜드명 전략은 P&G처럼 제품별로 다른 브랜드명을 유영하는 방식이며, 공동 브랜드명은 삼성처럼 하나의 브랜드명을 다양한 제품에 적용하는 방식이다. 브랜드 확장은 기존 브랜드의 강점을 활용해 신제품으로 확장하는 전략으로, 페브리즈가 세탁세제로 확장한 사례가 있다. 브랜드명을 선정할 때는 제품과 조화를 이루고, 짧고 쉽게 기억할 수 있는 명칭을 선택하는 것이 중요하다. 예를 들어, 풀무원은 자연식품을 연상시키며, 2080 치약은 숫자를 활용해 직관적으로 제품의 특징을 전달한다.

브랜드 자산의 개념과 관리

브랜드 자산(Brand Equity)은 브랜드가 가진 가치로, 소비자의 신뢰와 인지도, 브랜드 연상, 충성도로 구성된다. 강한 브랜드 자산을 구축하면 매출과 이익이 증가하며, 소비자의 구매 의사결정에 긍정적인 영향을 미친다. 브랜드 자산을 효과적으로 관리하기 위해서는 브랜드 인지도, 브랜드 연상, 브랜드 충성도를 지속적으로 강화해야 한다.

첫째, 브랜드 인지도를 높이기 위해 지속적인 노출이 필요하다. 예를 들어, 배달의민족은 "우리가 어떤 민족입니까?"라는 광고 캠페인을 통해 브랜드 인지도를 크게 높였다. 카카오뱅크는 모바일 중심의 마케팅을 활용해 빠르게 고객층을 확보했으며, LG전자는 유튜브 콘텐츠를 적극 활용하여 브랜드 인식을 강화했다.

둘째, 브랜드 연상을 관리하기 위해 일관된 메시지를 전달해야 한다. 삼성전자는 '가전은 삼성'이라는 메시지를 지속적으로 강조하며 브랜드 이미지를 강화했고, 테슬라는 '지속 가능성'과 첨단 기술을 내세워 브랜드 차별화를 이루었다. 긍정적인 브랜드 경험을 제공하는 것도 중요하다. 디즈니는 테마파크에서 감동적인 고객 경험을 제공함으로써 브랜드에 대한 긍정적인 연상을 형성했다.

셋째, 브랜드 충성도를 구축하기 위해 고객과의 관계를 강화해야 한다. 스타벅스는 리워드 프로그램을 운영하여 고객이 지속적으로 브랜드를 이용하도록 유도하고 있으며, 나이키는 러닝 클럽을 통해 소비자와의 커뮤니티를 형성하고 있다. 또한, 아마존은 개인 맞춤 추천 서비스를 제공하여 고객 충성도를 높이는 전략을 활용하고 있다.

마지막으로, 브랜드 성과를 지속적으로 평가하고 개선해야 한다. 네이버는 검색 트래픽을 분석해 브랜드 인지도를 평가하며, 쿠팡은 경쟁사와의 비교 분석을 통해 배송 속도를 개선하고 있다. 이러한 피드백을 반영하면 브랜드 전략을 더욱 효과적으로 운영할 수 있다.

6. AIDA 모델을 활용한 마케팅 전략

AIDA 모델은 소비자의 구매 과정을 Attention(주목) → Interest(관심) → Desire(욕구) → Action(행동) 네 단계로 설명한다. 각 단계에 맞는 마케팅 전략을 활용하면 고객의 구매 여정을 효과적으로 유도할 수 있다.

- 주목(Attention): 브랜드 인지도 확보를 위해 SNS 광고, PR, 인플루언서 마케팅 등을 활용한다.
- 관심(Interest): 고객이 제품에 대한 관심을 갖도록 블로그, 웨비나, 고객 사례 공유 등으로 제품의 유용성을 강조한다.
- 욕구(Desire): 무료 체험판 제공, 한정 프로모션, 고객 후기 활용 등으로 구매 욕구를 자극한다.
- 행동(Action): 간편 결제 시스템, 리타겟팅 광고, 첫 구매 할인 등을 활용해 최종 구매를 유도한다.

이 모델은 스타트업이나 전자상거래 기업이 효과적으로 활용할 수 있으며, 고객이 관심을 갖는 순간부터 구매 결정을 내리는 과정까지 일관된 마케팅 전략을 실행하는 데 도움을 준다.

IV. 마케팅 성과 측정과 개선

1. 마케팅 성과 분석의 중요성

마케팅 활동은 기업의 성장을 촉진하는 핵심 요소지만, 효과적으로 운영되지 않으면 비용만 증가하고 기대한 성과를 내지 못할 수 있다. 따라서 마케팅 성과를 지속적으로 평가하고 개선하는 것이 필수적이다. 이를 통해 효과적인 전략을 유지하고, 비효율적인 부분을 보완하며, 고객의 피드백을 반영하여 제품과 서비스를 발전시킬 수 있다.

기업은 마케팅 활동이 실제로 브랜드 인지도를 높이고, 매출 증가에 기여하는지 확인해야 한다. 단순히 광고비를 투입하는 것이 아니라, 소비자 반응과 성과를 수치화하고 이를 분석하는 과정이 필요하다. 이를 위해 구글 애널리틱스, CRM(Customer Relationship Management) 시스템, 소셜미디어 분석 도구 등을 활용하면 보다 정교한 성과 측정이 가능하다.

효과적인 마케팅 성과 분석의 핵심 요소

마케팅 성과를 측정하기 위해서는 다양한 요소를 고려해야 한다. 우선, 마케팅 비용 대비 효과(ROI, Return on Investment)를 검토하는 것이 중요하다. 기업이 지출한 광고비, 프로모션 비용, 콘텐츠 제작비 등이 실제로 얼마나 많은 고객을 유치하고, 매출로 연결되었는지를 분석해야 한다.

또한, 고객 반응을 면밀히 분석하는 것이 필요하다. 궁극적으로 나의 제품을 구매하는 분들은 고객이며, 따라서 고객이 우리 기업에 매출을 일으켜주기 때문에, 만약 고객이 떠나면 매출이 줄어들다가, 결국은 기업은 소멸하게 될 것이기 때문이다. 따라서, 마케팅 활동이 고객의 브랜드 인식과 행동 변화에 어떤 영향을 미쳤는지 살펴보아야 한다. 예를 들어, 신제품 출시 후 또는 특정 광고 캠페인 이후 웹사이트 방문자 수가 증가했는지, 제품 구매율이 상승했는지, 고객 유지율이 높아졌는지를 데이터 기반으로 평가해야 한다.

특히, 장기적인 브랜드 인지도와 고객 충성도를 고려하는 것이 중요하다. 단기적인 매출 증가만을 목표로 하면, 일시적인 할인 행사나 과도한 판촉으로 인해 브랜드 가치가 손상될 수도 있다. 예를 들어, 한 플랫폼 기업이 고객이 일정 기간 활동하지 않으면 포인트를 소멸시키고 이를 이익으로 처리하는 방식을 운영한 사례가 있다. 단기적으로는 이익이 증가했지만, 포인트가 소멸된다는 것은 결국 고객들의 불만이 커지면서 장기적으로는 이탈률이 증가하고 플랫폼의 활성도가 낮아졌다는 것을 의미한다. 이처럼 단기적인 이익만을 추구하는 것은 달리보면 궁극적으로 기업을 망하게 하는 것이므로, 보다 장기적인 고객 유지와 브랜드 충성도를 우선하도록 해야 한다.

데이터 기반 마케팅 분석의 활용

마케팅 성과를 객관적으로 평가하기 위해서는 정량적 데이터와 정성적 데이터를 종합적으로 분석해야 한다.

- 정량적 데이터 분석: 고객 유입 수, 전환율, 구매율, 고객 유지율, 광고 클릭률(CTR), 소셜미디어 반응 등을 측정한다. 예를 들어, 광고 캠페인 이후 제품 판매가 몇 퍼센트 증가했는지를 수치로 분석할 수 있다.

- 정성적 데이터 분석: 고객 리뷰, 설문조사, SNS 댓글 등을 통해 소비자들이 브랜드를 어떻게 인식하고 있는지를 파악한다. 예를 들어, 특정 광고에 대해 고객들이 긍정적인 반응을 보였는지, 혹은 부정적인 피드백이 많은지를 분석해야 한다.

이를 위해 **A/B 테스트, 고객 설문조사, 소셜 리스닝(Social Listening)** 등을 활용하면 효과적이다. A/B 테스트를 통해 두 가지 마케팅 전략 중 어떤 것이 더 높은 성과를 내는지 실험할 수 있으며, 소셜 리스닝을 통해 소비자들이 브랜드에 대해 어떻게 이야기하는지를 모니터링할 수 있다.

마케팅 성과 분석을 통한 전략 개선

마케팅 성과 분석은 단순한 측정이 아니라, 이를 바탕으로 **전략을 지속적으로 개선하는 과정**이다. 효과적인 마케팅 전략을 유지하기 위해서는 다음과 같은 과정을 반복해야 한다.

- 목표 설정: 브랜드 인지도 상승, 신규 고객 확보, 재구매율 증가 등 구체적인 목표를 설정한다.

- 성과 측정: KPI(Key Performance Indicators, 핵심 성과 지표)를 활용해 마케팅 활동의 결과를 정량적으로 분석한다.

- 데이터 해석: 소비자 행동 패턴을 분석하고, 어떤 전략이 효과적인지 파악한다.

- 전략 조정: 기존 마케팅 전략의 강점을 강화하고, 부족한 부분을 보완한다.

- 지속적인 테스트: 새로운 마케팅 기법을 도입하고, 성과를 지속적으로 테스트하며 최적화한다.

예를 들어, 한 전자상거래 업체가 특정 광고를 통해 유입된 고객들의 구매율이 낮다는 사실을 분석했다면, 해당 광고의 메시지를 변경하거나 더 매력적인 프로모션을 추가할 수 있다. 반대로, 소셜미디어를 통한 바이럴 마케팅이 효과적이었다면, 이를 더욱 강화하는 전략을 추진할 수 있다.

2. 마케팅 성과 측정 방안

마케팅 성과를 정확하게 측정하는 것은 기업이 효과적인 전략을 유지하고, 개선 방향을 도출하는 데 필수적이다. 무분별한 광고비 지출이나 비효율적인 마케팅 활동은 기업의 성장에 도움이 되지 않기 때문에, 체계적인 성과 분석이 필요하다. 이를 위해 명확한 핵심 성과 지표(KPI, Key Performance Indicator)를 설정하고, 데이터를 기반으로 마케팅 활동을 최적화해야 한다.

주요 KPI(핵심 성과 지표)

마케팅 성과를 측정하는 데 있어 가장 중요한 KPI는 **고객 확보 비용(CAC), 고객 평생 가치(LTV), 전환율(Conversion Rate), 이탈률(Bounce Rate), 고객 유지율(Retention Rate)** 등이다. 이러한 지표를 활용하면 마케팅 효과를 보다 정밀하게 평가할 수 있다.

1) 고객 확보 비용 (CAC, Customer Acquisition Cost)

신규 고객을 확보하는 데 드는 비용을 의미하며, 마

케팅 투자 대비 효율성을 평가하는 데 중요한 지표다. CAC가 높으면 마케팅 비용이 과도하게 소모되고 있다는 뜻이며, 이를 최적화하기 위해 광고 성과 개선, 리퍼럴 마케팅 활용, 고객 타겟팅 정교화 등의 전략이 필요하다.

스타트업 A사가 한 달간 1억 원을 지출해 10,000명의 신규 고객을 확보했다면, CAC는 10만 원이다. 즉, 한 명의 고객을 확보하는 데 10만 원이 들었다는 의미다.

HubSpot은 맞춤형 이메일 마케팅과 웨비나를 활용하여 고객 문의 전환율을 40% 증가시키면서 CAC를 낮추는 데 성공했다.

2) 고객 평생 가치 (LTV, Lifetime Value)

고객이 기업과의 관계에서 생성하는 총 수익을 의미한다. 높은 LTV는 기업이 장기적으로 안정적인 수익을 창출할 수 있음을 의미하며, 고객 유지 전략을 강화하는 것이 중요하다.

넷플릭스의 경우, 평균 월 구독료가 10달러이고, 고

객이 평균 24개월 동안 구독한다면 LTV는 240달러다. 이를 기반으로 넷플릭스는 신규 고객 확보 비용을 이보다 낮게 유지하도록 마케팅 전략을 조정한다.

3) 전환율 (Conversion Rate)

웹사이트 방문자가 실제 고객으로 전환되는 비율을 의미한다. 전환율이 낮다면, 웹사이트 UI/UX 개선, 타겟 광고 최적화, 프로모션 활용 등의 전략이 필요하다.

온라인 쇼핑몰에 100,000명이 방문해 5,000명이 제품을 구매하면 전환율은 5%다. 전환율을 높이기 위해 쇼핑몰은 개인화 추천 시스템을 도입하거나, 결제 프로세스를 간소화할 수 있다.

4) 이탈률 (Bounce Rate)

웹사이트 방문자가 아무런 상호작용 없이 이탈하는 비율을 의미한다. 이탈률이 높다면 방문자가 원하는 정보를 찾지 못하거나 페이지 로딩 속도가 느린 등의 문제가 있을 수 있다.

드롭박스는 랜딩 페이지의 UX를 개선하여 이탈률을

60%에서 40%로 낮추었다. 이를 통해 방문자들이 제품 정보를 더 쉽게 이해하고, 가입률이 증가했다.

5) 고객 유지율 (Retention Rate)

기업이 일정 기간 동안 기존 고객을 유지하는 비율을 의미하며, 고객 충성도를 평가하는 핵심 지표다. 높은 고객 유지율은 재구매율과 브랜드 충성도를 의미하며, 충성 고객을 확보하는 것이 기업의 지속적인 성장에 필수적이다.

아마존 프라임은 무료 배송, 독점 콘텐츠 제공 등의 혜택을 통해 90% 이상의 고객 유지율을 기록하고 있다. 고객 유지율을 높이기 위해 로열티 프로그램, 맞춤형 서비스 제공, 지속적인 고객 소통 등이 필요하다.

마케팅 성과 측정을 통한 전략 개선

마케팅 성과 분석을 통해 기업은 보다 정밀한 마케팅 전략을 구축할 수 있다. 이를 위해 데이터 기반 의사결정이 필수적이며, 각 KPI를 지속적으로 모니터링하면서 전략을 조정해야 한다.

1. 효율적인 광고 집행: CAC를 줄이기 위해 타겟 광고를 최적화하고, 리퍼럴 프로그램(Referral Program, 기존 고객이 새로운 고객을 추천하면 보상을 제공하는 마케팅 전략)을 적극 활용한다.

2. 고객 유지 전략 강화: LTV를 높이기 위해 맞춤형 혜택, 충성도 프로그램, 지속적인 커뮤니케이션을 실행한다.

3. 전환율 개선: 웹사이트 최적화, A/B 테스트, 사용자 경험 개선 등을 통해 전환율을 높인다.

4. 이탈률 감소: 웹사이트 로딩 속도 개선, 명확한 CTA(Call to Action) 제공, UI/UX 최적화를 통해 방문자의 이탈을 방지한다.

5. 고객 유지율 향상: 지속적인 고객 서비스 강화, 프로모션 제공, 이메일 마케팅 등을 통해 장기 고객을 확보한다.

3. 마케팅 성과 분석 도구 활용

디지털 마케팅이 발전하면서 다양한 분석 도구를 활용하여 성과를 측정하고 전략을 최적화하는 것이 필수적이 되었다. 기업은 고객의 행동을 분석하고, 효과적인 마케팅 전략을 찾아 지속적으로 개선해야 한다. 이를 위해 **구글 애널리틱스(Google Analytics), 핫자(Hotjar), 네이버 애널리틱스(Naver Analytics), CRM 시스템, A/B 테스트 도구, 소셜 미디어 분석 도구** 등을 활용하면 보다 정교한 마케팅 운영이 가능하다.

구글 애널리틱스 (Google Analytics)

구글 애널리틱스는 웹사이트 방문자의 행동을 분석하는 강력한 도구로, 트래픽 소스, 방문자 유형, 전환율 등을 상세히 파악할 수 있다. 이를 통해 어떤 마케팅 활동이 효과적인지 확인하고, 고객 경험을 개선할 수 있다.

활용 방법

- 방문자의 유입 경로(SEO, 광고, SNS 등)를 분석하여 효과적인 채널을 파악한다.
- 특정 페이지의 이탈률(Bounce Rate)을 분석해 UX/UI를 개선한다.
- 목표 달성(구매, 회원 가입, 다운로드)까지의 고객 여정을 추적하여 전환율을 최적화한다.

사례

패션 플랫폼 무신사는 특정 제품 페이지에서 이탈률이 높다는 점을 발견하고, 페이지 로딩 속도를 개선하고 제품 정보를 더 직관적으로 제공하도록 변경했다. 그 결과, 반송률이 50%에서 30%로 낮아지며 고객의 머무는 시간이 증가했다.

네이버 애널리틱스 (Naver Analytics) & 네이버 서치 어드바이저 (Naver Search Advisor)

네이버 애널리틱스는 네이버 플랫폼 기반의 웹사이트 분석 도구로, 국내 기업들이 네이버 검색 트래픽을 최적화하고 방문자의 행동을 분석하는 데 유용하다. 네이버 서치 어드바이저는 웹사이트의 검색 최적화(SEO) 진단 및 검색 수집 현황을 분석하는 도구이다.

활용 방법

- 방문자의 유입 경로와 체류 시간, 전환율을 분석하여 마케팅 전략을 최적화한다.
- 검색 트래픽과 키워드 성과를 분석하여 SEO 전략

을 개선한다.
- 네이버 검색 결과에서 웹사이트의 노출 빈도 및 색인 상태를 확인하고 문제점을 개선한다.

사례

한 중소기업 쇼핑몰은 네이버 애널리틱스를 활용하여 고객이 가장 많이 검색하는 키워드를 분석하고, 해당 키워드로 콘텐츠를 최적화함으로써 유입 트래픽을 35% 증가시켰다.

핫자 (Hotjar)

핫자는 웹사이트 사용자 경험(UX)을 분석하는 도구로, 방문자의 행동을 시각적으로 확인할 수 있는 히드맵(Heatmap) 기능을 제공한다. 이를 활용하면 사용자가 어떤 요소에 관심을 가지는지, 어떤 페이지에서 이탈하는지를 파악할 수 있다.

활용 방법

- 히트맵 분석을 통해 방문자의 클릭, 스크롤 패턴을

파악한다.

- 사용자가 특정 페이지에서 머무는 시간을 분석하여 UI/UX를 개선한다.
- 세션 리플레이(녹화 기능)를 활용해 실제 사용자의 행동을 분석하고 문제점을 해결한다.

사례

전자상거래 업체 B사는 핫자를 활용해 결제 페이지에서 고객이 이탈하는 주요 원인을 발견하고, 결제 프로세스를 간소화했다. 결과적으로 전환율이 15% 증가했다.

고객 관계 관리 시스템 (CRM, Customer Relationship Management)

CRM 시스템은 고객과의 상호작용 데이터를 기록하고 관리하는 도구로, 맞춤형 마케팅을 실행하고 고객 충성도를 높이는 데 중요한 역할을 한다. 고객 데이터를 기반으로 개인화된 서비스를 제공하면 고객 만족도가 향상되고 장기적인 관계를 구축할 수 있다.

활용 방법

- 고객의 구매 이력, 관심 상품, 문의 내역을 분석하여 맞춤형 제품 추천을 제공한다.
- 고객 세그먼트(연령, 지역, 구매 패턴 등)를 분류하여 타겟 마케팅을 최적화한다.
- 고객의 불만이나 피드백을 실시간으로 관리하여 브랜드 신뢰도를 높인다.

사례

핀테크 기업 토스는 CRM을 활용하여 고객별 맞춤형 금융 상품을 추천하는 전략을 도입했다. 이를 통해 고개의 서비스 이용 빈도가 증가했고, 결과적으로 고객 평생 가치(LTV)가 30% 향상되었다.

A/B 테스트 도구 (Google Optimize, Optimizely)

A/B 테스트는 두 가지 이상의 마케팅 전략을 실험하여 가장 효과적인 방법을 찾아내는 분석 기법이다. 이를 통해 웹사이트 디자인, 광고 카피, 이메일 제목 등 다양한 요소를 최적화할 수 있다.

활용 방법

- 랜딩 페이지의 다양한 디자인을 테스트하여 전환율이 높은 버전을 채택한다.
- 이메일 마케팅에서 제목, 콘텐츠, 배치를 변경하여 가장 높은 오픈율을 기록한 버전을 선택한다.
- 광고 카피를 다르게 설정해 어떤 메시지가 고객의 반응을 더 잘 이끌어내는지 분석한다.

사례

클라우드 스토리지 서비스 드롭박스는 랜딩 페이지의 두 가지 버전을 테스트한 결과, 한쪽 디자인이 전환율이 20% 더 높다는 사실을 발견했다. 이를 반영하여 더 높은 성과를 내는 디자인을 적용했고, 가입률이 증가했다.

V. 마케팅의 질문들

기업인들은, 마케터들은 지금 자사의 마케팅 진행과정에 대해 끊임없이 자문해봐야 한다. 잘못가고 있는 부분이 어디인지, 무엇인지 확인하고 빨리 그 부분을 바로 잡아야 한다. 그렇지 않은 기업은 망할 것이다.

여기에 마케팅에 대해, 아니 기업운영에 대해 필요한 질문 15가지를 제안한다. 좀 더 구체적으로 점검해 보겠다면 그 다음 50가지 질문에 대해 확인해보기 바란다.

아래 질문들은 마케팅 담당자에게만 확인해야 하는 것이 아니라, 기업내 전사원, CEO부터 신입사원까지 모두 같이 이해하고 한 방향으로 나아가야만 하는 것이다.

핵심 마케팅 질문 15개

1. 우리의 핵심 고객은 누구인가? (연령, 성별, 직업, 관심사 등)

2. 고객이 우리 제품(서비스)을 선택하는 가장 큰 이유는 무엇인가?

3. 고객이 우리 제품을 구매하는 과정(고객 여정)은 어떻게 이루어지는가?

4. 고객이 경쟁사의 제품과 비교했을 때 우리 제품을 어떻게 평가하는가?

5. 기존 고객이 계속 우리 브랜드를 선택하도록 하기 위해 어떤 노력을 하고 있는가?

6. 가격이 고객이 지불할 의사가 있는 가격대에 적절하게 설정되어 있는가?

7. 고객이 제품을 가장 편리하게 구매할 수 있는 채널(온라인/오프라인)은 무엇인가?

8. 현재 운영 중인 광고(온라인 광고, TV 광고 등)는 고객에게 효과적으로 전달되고 있는가?

9. 브랜드 메시지가 고객에게 효과적으로 전달되고 있

는가?

10. 고객을 연령, 성별, 라이프스타일 등으로 적절하게 세분화하고 있는가?

11. 가장 수익성이 높은 고객 그룹에 마케팅 예산과 자원을 집중하고 있는가?

12. 고객 확보 비용(CAC)과 고객 평생 가치(LTV)의 균형을 고려하고 있는가?

13. 주요 마케팅 성과 지표(KPI: 전환율, 고객 유지율 등)를 지속적으로 분석하고 있는가?

14. 경쟁사의 마케팅 전략(광고, 프로모션, 가격 등)을 정기적으로 모니터링하고 있는가?

15. 최신 마케팅 트렌드(디지털 마케팅, AI 마케팅 등)를 반영하고 있는가?

마케팅 점검을 위한 핵심 질문 50가지

1. 고객(Customer) 관련 질문

1) 우리의 고객은 누구인가? (연령, 성별, 직업, 관심사 등)

2) 고객이 우리 제품(서비스)을 선택하는 이유는 무엇인가?

3) 고객이 우리 제품(서비스)을 사용하면서 불편해하는 점은 없는가?

4) 고객이 우리 제품(서비스)을 어떤 상황에서 사용하고 있는가?

5) 고객이 우리 브랜드를 떠올릴 때 가장 먼저 생각하는 것은 무엇인가?

6) 고객이 경쟁사의 제품과 비교할 때 우리 제품을 어떻게 평가하는가?

7) 새로운 고객을 유치하기 위해 어떤 노력을 하고 있는가?

8) 기존 고객이 우리 브랜드에 계속 머물도록 하기 위해 어떤 노력을 하고 있는가?

9) 고객이 우리 제품(서비스)을 찾고 구매하는 과정(고객 여정)은 어떻게 이루어지는가?

10) 고객의 의견을 수집하고 이를 개선하는 프로세스가 마련되어 있는가?

2. 4P 마케팅 전략 점검

(1) 제품(Product) 관련 질문

1) 우리의 제품(서비스)은 고객이 원하는 가치를 제공하고 있는가?

2) 고객이 필요로 하는 기능과 특징이 제품에 충분히 반영되어 있는가?

3) 경쟁사 제품과 비교했을 때, 우리 제품이 가진 강점과 약점은 무엇인가?

4) 고객이 제품을 쉽게 이해하고 사용할 수 있도록 설명(패키지, 메뉴얼, 안내 등)이 잘 제공되고 있는가?

5) 신제품 개발이나 기존 제품 개선을 위해 고객 피드백을 반영하고 있는가?

(2) 가격(Price) 관련 질문

1) 현재 제품(서비스)의 가격이 고객이 지불할 의사가 있는 가격대에 있는가?

2) 우리 제품의 가격은 경쟁사 대비 적절한가? (비싸거나 저렴한 이유가 명확한가?)

3) 가격 할인, 쿠폰, 멤버십 등의 가격 전략이 효과적으로 운영되고 있는가?

4) 고객이 가격 대비 가치를 충분히 느끼고 있는가?

5) 가격 책정 방식(구독 모델, 패키지 상품 등)이 고객의 구매 습관에 맞춰 설정되어 있는가?

(3) 유통(Place) 관련 질문

1) 고객이 우리 제품(서비스)을 가장 편리하게 구매할 수 있는 곳(채널)은 어디인가?

2) 현재 사용하고 있는 유통 채널(온라인, 오프라인, 대리점 등)이 고객이 원하는 방식과 일치하는가?

3) 고객이 제품을 구매할 때 불편함(배송 지연, 품

절 등)은 없는가?

4) 온·오프라인 채널이 잘 연계되어 있는가? (예: 온라인에서 주문하고 오프라인에서 수령 가능)

5) 신제품을 고객에게 빠르게 전달하기 위한 효율적인 유통 전략이 있는가?

(4) 프로모션(Promotion) 관련 질문

1) 현재 사용하고 있는 광고(온라인 광고, TV 광고 등)는 고객에게 효과적으로 전달되고 있는가?

2) 프로모션(이벤트, 할인, 멤버십 혜택 등)이 고객에게 긍정적인 반응을 얻고 있는가?

3) SNS(인스타그램, 유튜브, 페이스북 등)를 활용한 마케팅이 효과적인가?

4) 고객이 실제 구매를 결정하도록 유도하는 홍보(제품 리뷰, 입소문 마케팅 등)가 잘 이루어지고 있는가?

5) 마케팅 메시지가 브랜드 이미지와 일관되게 전달되고 있는가?

3. STP 전략 점검

(1) 시장 세분화(Segmentation) 관련 질문

1) 시장을 연령, 성별, 직업, 라이프스타일 등에 따라 적절하게 구분하고 있는가?

2) 세분화된 고객 그룹마다 차별화된 마케팅 전략이 적용되고 있는가?

3) 고객 그룹별로 구매 행동(어떤 채널에서 구매하는지, 언제 많이 구매하는지 등)을 분석하고 있는가?

4) 새로운 시장 기회(미개척된 고객 세그먼트)를 지속적으로 탐색하고 있는가?

(2) 타겟팅(Targeting) 관련 질문

1) 가장 수익성이 높은 고객 그룹에 마케팅 예산과 자원을 집중하고 있는가?

2) 우리 제품(서비스)이 현재 공략하고 있는 고객층과 실제 구매하는 고객층이 일치하는가?

3) 경쟁사가 공략하는 고객층과 우리가 공략하

는 고객층이 어떻게 다른가?

(3) 포지셔닝(Positioning) 관련 질문

1) 우리 브랜드가 고객의 머릿속에 어떤 이미지로 자리 잡고 있는가?

2) 경쟁 브랜드와 비교했을 때, 고객이 우리 브랜드를 차별적으로 인식하고 있는가?

3) 우리가 전달하고 싶은 브랜드 메시지가 고객에게 효과적으로 전달되고 있는가?

4. 기타 마케팅 실행 및 성과 점검

(1) 성과 분석 및 ROI(Return on Investment) 관련 질문

1) 마케팅 비용 대비 실제 성과(매출 증가, 고객 증가 등)를 정기적으로 평가하고 있는가?

2) 주요 마케팅 성과 지표(KPI: 전환율, 고객 유지율 등)를 지속적으로 분석하고 있는가?

3) 고객 확보 비용(CAC)과 고객 평생 가치(LTV)의 균형을 고려하고 있는가?

4) 마케팅 성과를 측정하고, 데이터 기반으로 의사 결정을 내리고 있는가?

(2) 경쟁사 분석 관련 질문

1) 경쟁사의 마케팅 전략(광고, 프로모션, 가격 등)을 정기적으로 모니터링하고 있는가?

2) 경쟁사 대비 차별화된 강점을 고객에게 명확하게 전달하고 있는가?

3) 경쟁사가 공략하는 새로운 시장 기회를 파악하고 있는가?

(3) 마케팅 혁신 및 개선 관련 질문

1) 최신 마케팅 트렌드(디지털 마케팅, AI 마케팅 등)를 반영하고 있는가?

2) 고객 피드백을 반영하여 마케팅 전략을 지속적으로 개선하고 있는가?

3) 내부 마케팅 팀과 제품 개발, 영업, 고객 서비스 팀 간의 협업이 원활하게 이루어지고 있는가?

이 50가지 질문을 통해 기업의 마케팅 전략을 효과적으로 점검하고 개선할 수 있다.

맺음말

 기술창업자들에게 그리고 마케팅을 필요로 하지만 어디서부터 시작해야 하는지 잘 모르는 기업 구성원들을 위해, 꼭 필요하면서도 편하게 읽을 수 있는 책을 써 보고자 했다.

 꼭 필요한 것은 무엇일까? 이 정도는 알고 창업해야, 기업에 있어야 최소한 망하지는 않을텐데 하는 생각을 하면서 준비했다. 하지만, 스스로가 너무 부족한 것이 많다고 생각할 수 밖에 없는 미완성작 같은 느낌이다. 그럼에도 불구하고, 이 책을 세상에 내고 싶다. 너무나 부족하지만 이것으로 단 한사람이라도 단 한 기업이라도 도움되는 분들이 있다면, 정말 감사한 마음이 생길 것 같다. 스스로 부족하다고 생각하여 한발자국도 나가지 못하는 것보다는 세상에 나가, 많은 가르침을 다시 받아 수정되어, 조금 더 나은 책으로 발전되기를 기대한다.

단 한 사람의 창업자라도 이 책을 통해 마케팅을 이해하고 망하지 않는 기업, 성공하는 기업을 만들기 바란다.

부족한 많은 부분에 대해 아낌없는 말씀을 부탁드린다.